投降輸一半

QUITTING

A LIFE STRATEGY

破解堅持的迷思，
建立適時放棄的生活新策略

茱莉亞·凱勒 Julia Keller——著　李伊婷——譯

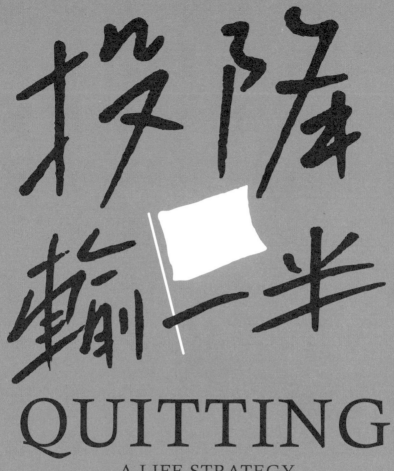

獻給

安妮·凱特·古德溫
（Annie Kate Goodwin）
1986–2019

你不能畫地自限、拒絕走出來。
有時你要把失敗當作走向成功的墊腳石，你必須在希望和絕望中維持微妙的平衡。
——加拿大作家羅伊登·米斯崔，《微妙的平衡》[1]

不管錯的路你已走了多遠，回頭。
——土耳其諺語[2]

目次

前言　愛自己從放棄開始……006

PART 1 放棄與堅持的轉折都在你的腦海裡

第一章　鳥、蜜蜂和體操選手的放棄哲學……030
第二章　放棄是大腦的有氧運動……048
第三章　放棄是推動劇情發展的重要元素……065

PART 2 被汙名化的「放棄」

第四章　「毅力」是一門好生意……084
第五章　運氣不好時，放手也是明智的做法……111

第六章　創造更好的世界……130

PART 3 斷捨離，再出發

第七章　微放棄：停下腳步、微調方向再前進……144
第八章　把握認賠殺出的時機……163
第九章　在親友的期待與自我認知間找到平衡點……185
第十章　當放棄變成一種表演時……206
第十一章　找回人生，你我都是放棄者……223
後　記　放棄和原諒是一輩子的課題……245
致　謝……252
註　釋……259

前言

愛自己從放棄開始

什麼都不做，也就不必改變什麼；無所作為，就一直停留在所知的有限事物上。事實上，你成了自己的絆腳石[1]。

——英國諜報小說家約翰·勒卡雷

放棄（Quitting）是出於愛的行為。

它也是緊急出口、姑且一試、一條捷徑、海闊天空、消極反抗或聰明的方法。它也會適得其反，中斷你的職業生涯、破壞人際關係，毀掉你的人生。

但，它也可以拯救你的人生。

總而言之，它能給你自己和未來更多的機會，你可以告訴自己：「先不要做這個……不用現在完成，之後……應該還有別的可能性。」

你可能不會以如此正向的觀點看待「放棄」。我懂，過往我也不那麼認為。當年我住在西維吉尼亞州摩根敦（Morgantown）的公寓裡，坐在骯髒的油氈地板上放縱地哭。那是個難忘的夜晚，我覺得自己需要做出重大改變，卻又害怕被他人的評論折磨。我連接下來的十分鐘都撐不下去，更不用說餘生的光陰了。

但現在我深信放棄可以帶來希望。

多年後，我常常拿這個人生低谷來開玩笑：「想像一下，」我會說：「十九歲的我蜷縮在地板上號啕大哭，像在演肥皂劇一樣，還用毛巾擤鼻涕——因為面紙根本不夠用。」當時我剛上研究所，第一次離家獨自生活，不時會用「悲傷」、「孤寂」、「深不可測的絕望」等浮誇的用語來形容自己的心情。現在看到自己昔日愚蠢的照片，不禁翻了幾下白眼，暗自竊笑。

如今常取笑那段記憶，是為了抹去那赤裸裸的痛苦。當時我坐在骯髒的地板上，抓著一條大毛巾啜泣，被一股巨大和強烈的絕望所淹沒，難以呼吸。西維吉尼亞大學才剛開學，我一方面要攻讀英語文學博士，還要擔任研究生助教，負擔很重。

我孤零零一人，極度想家。我討厭上課，也討厭教課。我討厭大學，討厭我的公寓，討厭摩根敦這個城市。簡而言之，我討厭一切，特別是我自己；因為我太無能了。理論上，研究所是個完美的園地，即便我比一般的研究生更年輕（事實證明，我也特別不成熟）。但在現實世界中，這是個令人感到挫敗的環境。我無法停止負面情緒的洪流，但我沒想到要放棄，我不想當個失敗者。

一個無用的人。

一個被淘汰的人。

在那個悲慘的濕毛巾之夜，我跌入情緒低谷。我往上跳躍一次、兩次、三次，然後卡在那裡。我放棄了，打電話回家。

「我撐不下去了……」我對著電話那一頭的父親大哭。

我能預期到他會怎麼回應：「別像小朋友一樣。堅持下去，你會成為更好的人。」我的父親是數學教授，個性很嚴肅，對哭哭啼啼的人沒什麼同情心。在這種情況下，他免不了要來上一場父愛如山的精神喊話：「撐下去，乖女兒！」但當時我並不需要。

結果，他竟用溫和的語調說出：「車程大概是三小時……我會在三小時內趕到。」

在接下來的一個多月裡，我窩在我成長的房間裡，擔心朋友們會發現我回來了。於是我捨棄友誼、逃之夭夭。我可能會被烙上半途而廢的汙名，因此被排擠。我決定先發制人，先自我放逐。

漸漸地，我感到好一些了。我申請了寫作實習，於是來到華盛頓特區，為調查報導的先鋒傑克·安德森（Jack Anderson）工作。我先在小鎮報社工作，接著進入更大的報社，最後落腳於《芝加哥論壇報》，所寫的報導還獲得普立茲獎。

當初我坐在那個黏踢踢的地板上，一手抓著毛巾，另一隻手握著電話，心中充滿恐懼。我想打電話回家承認失敗，又想硬著頭皮撐下去。我回想我所聽過的每一場勵志演講，以及每句光明而閃亮的格言。我試著做自己的教練，給自己措辭堅定的信心喊話：

你做得到的！

但我做不到……所以我放棄。

放棄不應是負面的詞彙

這本書的源頭，就是在摩根敦的那個夜晚，那時我被挫折感淹沒，只能啜泣、顫抖，不知道自己會變成什麼樣子。

放棄是生存本能，純粹而簡單。然而，我以前沒有這麼想。基於大量的偏見，我把放棄當成是軟弱、可恥和懦弱的象徵。我們在情感上和精神上都被掏空了。我的心和身體都在向我發出明確的信號：「你還沒有準備好成為研究生」。後來我在俄亥俄州立大學獲得博士學位，但時空背景已不同了。

好日子終會到來，但只有先緊急煞車，給自己一點療癒，最終才能向前邁進（雖然方向有些偏移）。

在此之前，我用各式各樣難聽的字眼責罵自己：無能的笨蛋、沒用的傢伙、膽小鬼。我坐在鏡子前眉頭深鎖，只看見一個缺乏勇氣的女孩，既缺乏意志力，也沒有擔當。

後來，我開始想，為什麼我要經歷這樣的考驗？這跟去念研究所無關，而是當我決定放棄時，為何會陷入心理地獄，對自己產生如此強烈的厭惡感？

我當然明白，放棄會讓人產生投降、屈服的心情，但我想不通，這種連結又是從何而來。為何放棄是不明智的？地球上的其他動物就沒有這種心理負擔。牠們的注意力只放在更珍貴的目標：生存。沒有效果、不能提供食物的行動，牠們就完全不會考慮；徒勞的動作會消耗過多能量，反而容易受到掠食者的攻擊。同樣的道理，人類想要保持在最佳狀態，就要時時評估當前的策略與進度，隨時做出改變。

然而，我們的文化律令卻是相反的：「無論做什麼事，都不要放棄」。我們在學校所接收的知識，從美國民間傳說到希臘神話，都加倍強調這一點，包括伐木巨人保羅．班揚以及與蒸汽機對決的鐵路工人約翰．亨利。薛西弗斯最可憐了，不斷把那塊石頭推上山頂，即使他知道它會再次滾回山下。

除了無益的不良習慣（抽菸、吸毒、酗酒、愛吃零食）外，沒人喜歡提到「放棄」。「落跑者」仍是侮辱、嘲笑、傷人的話，它從未失去傷害的力量，就算你離開校園許久也一樣。在人類行為的萬神殿中，放棄被擺在一個特別的位置；它具有獨特的負面意義，可用來詆毀他人。在生活遇到困難時，也不會被當成可行的選項。

這一切愈想愈奇怪。因為不論是現今還是貫穿整個歷史，放棄已被證明是精明的策略，對智人（Homo sapiens）亦或是老鼠和鳥類都一樣有用。儘管我們不願意承認，但放棄是有效的：改變方向、宣布放棄、改變行動方針，生活便會有所改善。不願意停下來、好好探察一番，就會沿著同一個方向跌跌撞撞，而且還無法抵達想去的地方；事實上，這讓我們非常痛苦。大多數人都能感覺到，身心已達臨界點，但為什麼還不放棄呢？這個小小的舉動能提高生活品質，卻聲名狼藉。

對某些人來說，「放棄」這個詞聽起來無力又令人作噁。但從語源學來看，它的原意不是負面的，可能來自於拉丁語 quietare，意思是「中斷」。就像所有單字一樣，它會隨著時間而變化，在其他語言和文化的影響下，刪除或添加了部分定義。

網路字典 Dictionary.com 提供了三種釋義：「停止、結束或終止」、「分離、離開」及「放下、放手」。這些詞在我聽來都不是懦弱的象徵，而是果斷、面向前方、解放束縛。

放棄是科學發展的動力

為了弄清楚這件事，我不但發揮記者的天職，也展現我好奇不休的本性（有些人說這叫「頑固、愛管閒事又煩人」）。每個人都要接受我的提問：「請問你放棄過哪些重要的事情，你後悔嗎？」

我纏著朋友、家人、同事、鄰居、在星巴克排隊的陌生人、寵物公園的狗主人。接著我結識他們的朋友、同事和家人，當中有些人因放棄而翻轉人生，但也有一些人誠摯地表示「堅持才是王道」。打從我們出生開始，那些話語就深入人心：「堅持、永不退縮、不要放棄，就不會被打敗。」

我問了一百五十人，每個人都曾放棄過某事，也都想聊聊那段往事。由此可見，這個話題在我們的生活中佔有一席之地。大家都說放棄很丟臉，但在內心深處，卻都知道它是改變自己和環境的力量。

我喜歡聽這些故事。放棄讓人們停下腳步，並朝著新的方向前進，雖然有時不會有好結果，畢竟人生沒有什麼是肯定的，但總是要對美好的明天懷有希望。

放棄的故事令人好奇，所以我展開調查。我從動物的細微行為開始，訪問了神經科學家、演化生物學家和心理學家；他們決心要解開這些複雜的謎團，包括放棄時的大腦運作機制。然後我擴大調查範圍，從勵志書籍、YouTube影片、人生教練熱潮，還有討論「沉沒成本謬誤」、「機會成本」以及「選擇架構」（choice architecture）等概念。最重要的心得是：放棄是選擇。

我想知道，我們對於放棄的偏見是從何而來，又為何要全力避開它；放棄時，又為什麼會感到內疚？

事實是，不斷放棄過時的概念，科學知識才會提升。放棄是文明發展的核心精神。

然而，不少人仍食古不化，不承認現代醫學，堅稱疾病是邪靈附身所造成的。

英國生物學家柏克海德（Tim Birkhead）在其著作《鳥的感官》中提到：「科學家會尋找證據來判定某項見解是否能成立。若有其他研究人員找到更可靠的解釋，真理便會隨之改變。總之，新穎的見解、堅實的證據、開放的態度，就是科學進步的根基。」[2]

然而，不管是面對生活或做決定，大家還是強調要「堅持下去」，而放棄只是失敗者的避難所。這一兩年來，愈來愈多人體認到辭職的價值；因為新冠疫情，我們才會懂得放棄無趣的工作和慣老闆。但它仍然不是正面的特質，所以我們不會在履歷表誠實列出自己換了多少工作。

透過最新的科學發現，我們要探索放棄、毅力等觀念的起源。在當前的文化壓力下，大家都說，放棄就是失敗，所以無論如何都要堅持下去。但還是有人成功轉換跑道了。他們的故事是鐵壁銅牆，可阻擋那些威脅的口吻。許多勵志書的作家會強勢地條列重點，反覆灌輸你堅持的美德，還做出成功的保證。

就算你最後決定再試一次，但這也是你的選擇，而不是基於別人的價值觀與評價。

躺平運動的興起

「毅力是美德、放棄是罪惡」，這種觀念何時在社會中紮根？主要起源就是「新教徒的工作倫理」。「把毅力當成美德是宗教革命後的產物。」華頓商學院教授亞當．格蘭特（Adam Grant）說：「這就是美國夢的元素之一。」[3] 這位暢銷作家談了許多個人成長的議題。

不僅在美國，其他國家也在頌揚毅力的價值。它是一種根深蒂固的美德，但最近有不少人在強烈反抗，並引發媒體的關注。作家查理．泰森（Charlie Tyson）觀察到：「中國有『躺平』運動、日本和南韓人民在反抗『過勞死』。在先進國家，愈來愈多人對於不人道的工作理念感到憤慨。」[4] 千百萬的勞工承受過勞之苦，甚至連瑞典與芬蘭都不例外。長久以來，人們不鼓勵辭職，還把超人般的正面態度當成常理。

近來，躺平的觀念愈來愈盛行。歷史學家芮納．米德（Rana Mitter）寫道：「一個新的流行語出現在中國社群媒體上：潤學。潤是就是英文run，所以這個詞便是指『逃脫的學問』。除了工作競爭、結婚、追求財富等社會壓力，再加上這兩年新冠疫情的封控措施，都令中國的年輕勞工感到絕望、沮喪。」[5] 也就是說，放棄者正在出櫃。《紐約時報》在二〇二一年有篇熱門文章，作者是羅森布魯姆（Cassady Rosenblum），她本來是全天候廣播新聞的執行製作人，但後來總算能「悠閒地坐在門廊上」。回顧這段歷程，她說：「工作令人難以忍受時，休息就是抵抗。」[6]

這當然沒那麼簡單，因為毅力對心靈有強大的控制力，所以我們才會去讀這些放棄者所寫的文章。認知心理學家威靈漢（Daniel Willingham）在二〇一六年寫道：「突然間，談論毅力的人無所不在。每個人都對於長遠目標充滿熱情。」[7]「堅持」儼然變成一場全民運動。儘管逃離職場的人暫時有所增加，但毅力的教誨仍然存在：放棄，就會失敗。俗話說「埋頭苦幹必有所回報」，雖然在現實生活中不總是如此。有的人辛勤工作卻破產了；有的人遊手好閒卻發了大財。然而，我們仍然相信毅力這種簡單、有因有果的力量。

你將在本書中看到，過度吹捧毅力也有其負面效應。對放棄的汙名化有一段曲折、複雜又邪惡的歷史。它會受到唾棄是有原因的。長久以來，人們都在強調，堅持是幸福和滿足的保證。這種崇敬起自於複雜的文化和經濟因素。我們的積極態度是被刻意養成的，它就像汽車、玉米片和智慧型手機一樣，只是一種商品。

聽來令人遺憾，否則只要適時放棄，就能積極做出轉變，進而改變自己的命運。放棄就是第一步。就全人類的角度看也一樣，為了確保地球的未來，我們必須放棄石油燃料，並創造新的能源及開發策略。停下腳步，重新思考人生，才不會被困在自己不想要的地方。

辭掉工作也許有幫助。近幾年來，美國離開職場的勞工人數創下紀錄，因為疫情迫使他們重新審視人生的優先順序。二〇二一年的前八個月，有三千萬美國人辭職，這是自二十年前勞工部開始統計以來的最高數據。[8]自二〇二〇年以來，每週都會有記者去拍攝上班族交出員工證和門禁卡，並快樂地說：「再會了，你們這群笨蛋！」

然而，這些故事之所以有趣，正是因為它們太稀有了。在全球疫情肆虐下，放棄暫時被當成美德。「大離職潮」（the Great Resignation）聽起來很有時代意義，但讓我們面對現實吧。一如既往，世人還是討厭放棄，不想變成懶惰的失敗者，只會坐在電視機前打瞌睡、滿身都是餅乾屑。這就是放棄的汙名化標籤。

離開教會、翹掉瑜珈課、改投另一個政黨、不再吃素或決定離婚，這些行為都會受到批評。朋友、家人難免會馬上有反應：「你在想什麼啊？你有給對方公平的機會嗎？你真的試過了嗎？」我們都聽過一句老話：在你找到另一份工作（或情人）之前，先不要放棄。

不管是網紅或你媽，都會不斷告誡你，放棄等於軟弱、不積極又不懂得堅持。那種人永遠也不會成功，不會有所作為。我採訪了許多人，他們都很樂意聊起辭職、離婚的過程，但不喜歡用放棄這個字眼，而是強調那叫「出走」。

相較之下，堅持還是個閃閃發亮的招牌。在播客節目和YouTube頻道上，這類演講都能得到數百萬次的收聽和觀看數。運動器材貼上有各式各樣的勵志標語。勵志書是一門跨國的大生意，估計一年有一百一十億美元的營收。這些作家總是激動地強調：「堅持不懈就對了，放棄就完了。未來完全掌握在你自己的手中。努力工作、嚴格地執行計畫，你一定會成功。放棄就是失敗，而且這是你自找的。」

因此，放棄是走投無路的選擇。經歷太多次的話，大家就會把你當成失敗者、怪人、廢物、沒骨氣的懦夫，那怕你真的應該轉換跑道了。放棄的好處與壞名聲落差很大，有時你感覺這是對的決定，但又擔心外人的批評。怪不得人人都打從心裡在乎它，因為它影響到我們看待自己和世界的方式。即使是名人也是芒刺在背。

一日放棄，終身都會被貼上落跑者的標籤

芝加哥公牛隊的史考提．皮朋在他十七年的輝煌職業生涯中創造許多成就，但這位前NBA球星卻始終被貼上一個難聽的綽號：「放棄的皮朋」。他在二〇二一年的回憶錄《無所設防》中談到，三十年前的某件事至今還在糾纏著他。（顯然我們對放棄的厭惡沒有期限。）

它發生在一九九四年NBA東區冠軍賽的第三場比賽，對手是紐約尼克隊。離終場還剩一點八秒時兩隊平手，但皮朋在暫停後拒絕回到場上，因為公牛隊教練菲爾．傑克森要讓小前鋒庫科奇投最後一球。皮朋因受到冷落而坐著生悶氣。最終，庫科奇一球命中而贏得比賽。從此以後，皮朋就被當成放棄大王，而不是頂尖的運動員。

大多數人都能理解運動員的退賽決定，但還是會有人加以批評。二〇二二年初，二十五歲的巴蒂（Ash Barty）突然宣告退休，當時她是世界排名第一的職業網球選手。專欄作家坎普（Emma Kemp）讚揚了這位澳洲人的勇敢舉動，但接著指出，「除了她的核心圈子，沒有人預料到它會發生」。[9]巴蒂在IG上反擊，彷彿在球過網之前，她已準備好要阻攻了：「我斬釘截鐵地知道，自己已筋疲力盡，身體撐不下去了。」

幾個月前，聞名世界的放棄宣言，是來自於美國體操選手西蒙・拜爾斯。她以心理健康因素為由退出了二〇二一年的東京奧運。誠然，在推持等社群平台都有許多人都支持她，但這些加油的留言之所以會發酵，是因為還有許多酸民嘲笑她。包括尖酸刻薄的英國主持人皮爾斯・摩根（Piers Morgan）在內，不少人都說，拜爾斯浪費自己的天賦，不愛國又自私，令眾人非常失望。

我們會在第一章再談拜爾斯的勇敢舉動。不過，放棄者的形象會跟著她們一輩子。無論拜爾斯或巴蒂未來的發展如何，只要她們接受訪談，記者都會把焦點放在當年退出的決定，而不是她們如何成為出色的運動員。

安德魯・勒克（Andrew Luck）深有同感。這位頂尖的四分衛在二〇一九年突然引退，令NFL的球迷感到錯愕，而嗜血的體育性談話節目更是加以嘲諷。在勒克之前，大聯盟傳奇球星柯法斯（Sandy Koufax）、美式足球明星桑德斯（Barry Sanders）和網壇名將柏格（Björn Borg）都是在技能和競爭力下滑前放棄職業生涯（職業運動員的平均退休年齡其實只有三十歲）。以他們的名氣和成就來看，放棄可說是驚人的決定，意謂著他們必須重啟人生。「放棄是兼具想像力和解放力的行動，」柯法斯的傳記作者李維（Jane Leavy）

寫道：「這位王牌左投決定離開大聯盟，但他必須能想像去過另一種人生，就像他的職業生涯一樣踏實。」[10]

葛麗泰．嘉寶演技出眾，但大家更記得她在巔峰時期退出好萊塢。西貝流士創作出優美動人的交響樂和令人背脊發涼的小提琴協奏曲，卻在六十二歲時停止創作，這離他去世還有整整三十年。漢密特（Dashiell Hammett）在出版《馬耳他之鷹》（*The Maltese Falcon*）等推理小說後便封筆了。他精心創造了許多謎團，但永遠也比不上這一題。

當年哈利王子和梅根告別白金漢宮，放棄英國王室成員的身分，而公眾的憤怒卻排山倒海而來，紛紛質疑他們的決定。但他們確實做到了，世人都感到好奇又興奮不已。

我們被放棄的事件所吸引，對它感興趣，甚至有些著迷，但同時也存有戒心。放棄是禁忌，它挑戰我們最基本的信念：包括世界如何運作、我們想要什麼、為了自己和所關心的人可以做些什麼。

舉例來說，人們每天都在爭論哪種教養孩子的方式最好，但沒有人質疑堅持的必要性。記者克洛斯（Lindsay Crouse）於二〇二一年在《紐約時報》上撰文談到：「美國人把放棄妖魔化而過度推崇『毅力』。過去十年來，許多教養專家都在敦促父母要灌輸這種神話般的特質給孩子。」[11] 因此，拒絕放棄的人是勇者。「努力工作是美國人最珍視的價值觀，」查理．泰森補充道：「皮尤研究中心最近調查發現，百分之八十的美國人強調自己『努力勤奮』，而其他特質都是其次。大環境那麼糟，但我們的工作理想仍然很高尚。」[12] 放棄不符合主流的成功觀點，它是旁門左道，更是個人的汙點。大家寧願守著又糟又會扼殺靈魂的工作，也不要去追求自己的夢想；否則你還沒走出公司大門，就會被貼上失敗者的標籤了。

人生不全在自己的掌握中

大多數人一輩子都不會有機會在數百萬的電視觀眾前表演直體後空翻或團身轉體。同樣地，你我也沒機會帶領職業球隊贏得勝利、譜寫交響樂、奪得溫網冠軍、投出連續三振或出身在英國王室。

但我們總得面臨抉擇，思考是否該放棄某事。

專欄作家艾美．狄金森（Amy Dickinson）告訴我，人們寫信向她求助，無疑都是在煩惱放棄與否的問題：「老實說，我所收到的信都跟放棄有關，包括婚姻、友誼、習慣和責任，」她說：「從另一方面來看，這代表有人得承受被拋棄或忽視的痛苦。」[13]

大多數人會向外尋求幫助，寫信給專欄作家，或是像我一樣打電話父親，請他們陪自己面對困境。這不難理解，因為沒有人把放棄當成可行的選項。但是出於本能，當某個作法不管用時，就該換個方法了。這股內心深處的驅力在告訴你，為了生存，當下就該放棄或嘗試別的方法。但外在世界早已灌輸我們更強大的反制訊息。在社會的制約下，我們會質疑內心那股強烈驅力和信念（「我必須馬上離開」），並想起好友、父母和勵志作家的建言：放棄的話，所有人都會失望，包括你自己。

事實上，有時我們過度思考「放棄」這個問題，還以為這背後有許多複雜的考量。說到底，這只是簡單的選擇題：放棄還是繼續？不過，我們也常低估放棄的影響力，因為它不只是關於行為，也跟想法有關，包括世界觀、價值觀、責任感以及幸福感。

要澄清的是，放棄並不總是正確的作法。在新冠疫情期間，離職人數以及大學生的輟學人數也創下歷史新高。在二〇一九年秋季，有超過四分之一的大學生沒有回來註冊，比上一年增加了兩個百分點，這是自二〇一二年以來最高的輟學率。在社區大學，有百分之三點五的人在二〇二〇年沒有回歸。沒有人會認為逃避學習是正面而值得鼓勵的事。[14]

堅持就本質上來說不是壞事。靠著韌性，我們才能度過生命中不可避免的挑戰。但是，堅持不是面對困境的唯一方法（這太小看那些沒有展現出毅力的人），這甚至還會導致一些不幸的結果。為了你無法控制的事責怪自己或他人，其實並沒有特殊的意義。許多人都以為，放棄只是一個簡單的開關，但它需要理性思考，也要克服自己的情感面。所以科學家也愈來愈好奇，大腦是如何做到這一點。

最近，世界各地的神經科學家都有前所未有的新發現，所以也理解到，生物在出師不利時，都會選擇放棄。這些發現也能幫助另一些過度堅持的人：毒癮、酒癮和暴飲暴食的人，還能減輕強迫症和憂鬱症的痛苦。

在接下來的篇章中，我會介紹各種巧妙的實驗，以了解斑馬魚、蜜蜂、老鼠、雀類、烏鴉、花亭鳥等生物的放棄行為，接著再回頭談人類。前景看好的新產品乏人問津或新事業幾近破產時，人們才會體會到拒絕放棄的高昂代價。驗血公司Theranos的詐騙案和共享辦公室WeWork的破產案都是血淋淋的教訓。

但要想清楚，放棄某件事時，你所愛的人會感到受傷，父母、伴侶、朋友、老闆和老師都會感到失望。放棄很常成為流行文化的主題，例如鄉村歌曲〈去死吧！這份工作還給你〉（Take This Job and Shove It）、經典小說《白鯨記》、電影《征服情海》和電視影集《天后與草莓》。這些動人的故事都包含了堅持與放棄的拉扯，而觀眾也能在這些情節中發現自己的立場與態度。

事實上，雖然我們都說人生在自己的掌握中，卻常私下盤算自己的運氣有多好（或多差），特別是關於火車出軌、墜機、罹患重病、中樂透或在咖啡店邂逅一生的摯愛等。手上拿到的是好牌或爛牌，人生是成功或失敗，常常非關毅力，而是有沒有賭一把，是機率問題而已。一些知名和有影響力的暢銷書作家如拿破崙．希爾（Napoleon Hill）和諾曼．文生．皮爾（Norman Vincent Peale）都主張，個人的命運取決於自己的想法。這個訊息如此吸引人，但又如此危險。我們將探究這些陳腔濫調的原理，並且指出問題所在。

愛自己，就要懂得放棄

許多人會設法將放棄變成創造性的行動，把它當作人生的轉運站。本書會不時穿插「舉白旗時刻」，請那些勇敢的放棄者來做見證，有些是素人的經歷，有些是名人的故事。

在這些簡短的見證與記錄中，你會發現與自己類似的困境，並意識到自己該停下來喘口氣了。

這些頓悟非常有啟發性，會帶你去回顧自己人生的轉折點與分水嶺。當這些時刻再次出現時，你就可以準備採取行動（或放棄），但無論你做出什麼決定，都是你根據自己的生活處境所做出的決定，而不是出於遙遠、抽象又千篇一律的理想與堅持。

在每一章的最後，我會給你前進的推力，也就是「放自己一馬」。這些建議可以幫助你思考放棄的策略和道理，畢竟你遲早都要面對。每個人都有一份放棄清單：工作、關係、消遣、信仰或生活方式。我的悲慘故事始於在摩根敦的那段日子，但痛苦沒有就此結束。幾年後，我在肯塔基州開始我的記者生涯時，它又發生了；我的工作績效十分優異，但薪水卻只有前任記者的四分之一。總編輯對我的質問感到非常驚訝，他解釋說：「史坦有家庭要養，而妳只是個二十一歲的單身女性。」

他不會改變主意的，於是我辭職了。的確，第二次比較好受了，雖然毛巾又溼透了，又度過一個自我懷疑的黑夜。不知怎的，我設法克服了。

放棄那份工作本來是一場災難。正如我先前所說，放棄是一種人生策略，但它不保證成功。你可以藉此找回一部分的人生掌控權，但也要面對不如預期的後果。事實上，沒有什麼是錯誤的選擇，不做選擇才是唯一的錯誤，而且其他人會非常樂意為你做主。

我訪問的人當中有科學家、歷史學家和普羅大眾，他們都說，雖然離開的那一刻很難受，他們更後悔沒有在適合的時機早點放棄。

你可以把這本書想像成一套「放棄」的DIY工具組，並用它來拼湊一些提升生活品質的小方法。此後，你就會用新的框架來思考放棄的價值，並決定各種大小事，從家庭、工作到人生的幸福；還會用另一種視角來看待勇氣和堅持。

別的不說，我希望這本書能說服你，毅力不是評估人生的唯一標準。我希望這本書能給你自由，讓你不再執著於犧牲奉獻和孤軍奮戰。

不是每個難關都要克服。

也不是每件事都要有始有終。

在對時機放棄，就能擴展人生的無限可能。放棄才有希望和未來，才有成長的機會。想要人生過得快樂而精彩，祕訣不光是毅力和決心這些被過度強調的特質，還有靈巧、變通和放棄。如此一來，你才能適時減輕負擔，果敢躍向未來。因此，請勇敢地擁抱這種新生活態度。

知道何時要放棄，你就能懂得愛自己。

PART

1

放棄與堅持的轉折都在你的腦海裡

到了某個地步，堅持就變成了阻礙。

——英國作家班傑明・伍德（Benjamin Wood）

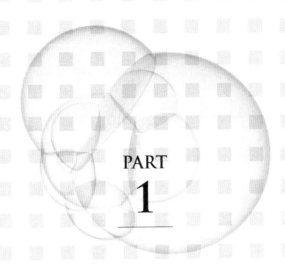

第一章

鳥、蜜蜂和體操選手的放棄哲學

沒頭沒腦的毅力是最糟的人格特質。[1]

——經濟學家約翰．李斯特（John A List）

「堅持」在生物學上的意義

在新興的神經科學領域中，科學家有望解開謎團，看大腦如何決定放棄的時機。

作為世界一流的體操運動員，拜爾斯達成了許多令人驚嘆的成就，但二〇二一年她在東京的作為更加驚人，這是她職業生涯中從未發生過的事：她棄賽了。那麼，歷史上最偉大的運動員和蜜蜂有什麼關連呢？

我們很快就會談到這一點。

「就生物學來說，毅力有效的話才有意義。」[2]芝加哥大學的榮譽教授科因（Jerry Coyne）這麼說，他是當前最頂尖的演化生物學家。我打電話給科因教授，因為我想知道，在這個多樣化的地球上，為什麼只有人類會把「毅力」當成絕對的真理，而其他生物卻遵循不同的策略，包括有目的的放棄和刻意迴避。在緊要關頭時，牠們也懂得靈活變通、嘗試不同的方法。也就是說，動物也了解放棄的用途。

在某個星期天早上，我聯絡上科因，他每日有兩次固定的外出行程：去學校的池畔餵鴨子。他的辦公室俯瞰著池塘，每年春天都會有兩打小鴨誕生。科因於二〇一五年退休，但仍每天到辦公室工作。二〇二〇年，校園因為新冠疫情而關閉，但在校方的特別通融下，他可以前來餵鴨子。這個習慣令他很開心，鴨子亦然。

科因指出，在野生環境中，堅持沒有意義。動物的一舉一動都是有目的的：爭取時間與空間，以確保物種的延續。

當然，我們也是動物。人類創造出許多複雜又驚人的成就：奥迪汽車、代數、巧克力聖代、俳句、吊橋、還有《柏捷頓家族》影集。本能總是驅使我們朝著同一個基本、務實而嚴肅的目標前進：活下來，並生產自己的小複製人。求生之道就是不要浪費資源在無用、對生存無益的事情上，這是不言自明的道理。「在演化的設定下，人類行為都是為了獲得對自己最有利的結果。」科因說，所以人都會追求有用、有成效的事物。

因此，在天性的驅使下，我們會挑選最有展望的道路，而放棄沒有希望的死路。這就是令人好奇的謎團，既然放棄是正確的選項，為什麼大家都不這麼做呢？

以加拉巴哥群島上的雀鳥為例，一八三五年，年輕的生物學家達爾文在那裡得到許多啟發，並得出他的重大發現：天擇理論。島山雀鳥的主要食物是小種子，其中一些含在蒺藜的尖刺雜草中，得用喙嘴才能從葉鞘中取出，這並不容易。

威諾（Jonathan Weiner）在得獎著作《鳥喙：加拉巴哥群島考察記》（*The Beak of the Finch*）中談到，堅持不懈的雀鳥注定失敗。花太長時間啄食蒺藜卻取不到種子，對牠們一點好處也沒有。威諾寫道：「在艱困時期，牠們的生命取決於覓食的效率，也就是消耗最少能量來換取最多熱量。」[3]適時放棄，尋找另一種食物來源，雀鳥才能維持健康而活得更久。

威諾寫道，有時雀鳥花了六分鐘才挑出一粒微小的種子。「對於一隻鳥來說，這段時間太長了，只是白費力氣而已，下次牠就會放棄了。」[4]一開始若沒有成效，就馬上放棄。掙扎是一種徵兆，代表要繼續前往下一站才能吃到食物。在大自然的生存遊戲中，無法快速取得成果的動作，最好趕快放棄，所以有毅力的雀鳥反而很容易死掉。

自然界只講開門見山的道理。處於險境時，獎牌或榮譽派不上用場，所以不需要有多餘的行動。性命危在旦夕時，放棄就是一種求生技能。這沒有道德上的顧慮。違背放棄的直覺，既不勇敢或也不高尚，這叫愚蠢。

生物不會被堅持的抽象概念所擾。無濟於事或對生存會構成威脅的行為，牠們就會放棄。

生物學家謝德瑞克（Merlin Sheldrake）在其著作《真菌微宇宙》中對提出一個驚人的觀點。他發現，雖然黏菌缺乏中樞神經系統，但會像觸手般生長、探索環境，也會間接地「做決定」。[5]它們會適時停下來，然後轉到另一個方向。日本科學家在培養皿中觀察到：「黏菌會比對不同的路線，並在迷宮中找到兩點之間的最短路徑。」

黏菌不喜歡強光，研究人員只要調整光源，就可以讓它們改變路線。為了保持堅毅精神而留在不方便的道路，這是沒有意義的，對於黏菌而言更是如此。

科因在其著作《為什麼演化是真理》（*Why Evolution Is True*）中談到：「植物和動物的結構錯綜複雜，可說是大自然的鬼斧神工。魷魚和比目魚能改變顏色和紋路以融入周遭環境，在捕食者和獵物面前隱形。蝙蝠有雷達系統能在夜間追蹤昆蟲。蜂鳥可以在原地盤旋並瞬間改變位置，動作比直升機更加敏捷。」[6]更重要的是，牠們懂得放棄。

鳥類的靈活思維

珍妮佛・艾克曼（Jennifer Ackerman）在其著作《鳥類的天賦》（*The Genius of Birds*）中談到，麥吉爾大學的生物學家列菲伏爾（Louis Lefebvre）做過一系列的實驗來測試鳥類的認知能力。[7]

在加勒比海的巴貝多，他和研究人員將可食用的種子分別放在綠色和黃色的杯子裡，看看紅腹灰雀和黑羽椋鳥會選擇哪個。確定牠們各自偏愛的顏色後，研究人員把零星的種子牢牢地黏在杯底。

列菲伏爾和同事先觀察牠們花了多久時間才會放棄。接著，他們把種子放在另一種顏色的杯子裡。這些鳥兒很快就見風轉舵，與其挑選喜歡的顏色，還不如好好享用一頓晚餐。

艾克曼寫道，這個實驗旨在衡量鳥類的「靈活思維」。但在我看來，它也證明了放棄的效用。理論上，放棄就是為了展開新活動而停止當下的動作。它是鳥類不可或缺的認知能力。除非牠願意放棄自己喜歡的杯子，否則一定會餓肚子，畢竟裡面的豆子看得到卻吃不到。毅力不是鳥類會在乎的事，生存無關乎態度，而是唯一的目標。就覓食來講，見風轉舵才是最有效的策略。

當然，動物的世界和人類的世界不能完全類比，人類的特質也不全是動物本能。況且，我們還不是很了解動物的想法和情感。謝德瑞克寫道：「就一般的科學觀點來看，非人以外的生物不管有什麼動作，都不能假設牠們有意為之。」[8]但是，當我們觀察到生物為了生存而有放棄的舉動，很難不受到刺激。

舉白旗時刻

每當那種熟悉的感覺到來，我就該辭職了。我寧願被吞進地球核心也不願再完成任何一項工作。我不做，就是不做！我不會回電子郵件……我會告訴我的編輯：「不好意思，今天是我最後一天上班。」然後我會登出Slack（團隊溝通平台），永遠不回頭。[9]

——專欄作家凱蒂・希尼

艾克曼寫道，紐西蘭的生物學家艾利克斯・泰勒（Alex Taylor）也在試圖弄清楚烏鴉的思考模式。他和助手為烏鴉架設了遊戲區，如果牠叼起一根樹枝，就會拉動一根繫著一塊肉的繩子。因此，如果烏鴉能看到那塊肉，就會毫不猶豫地叼起樹枝、拉扯繩子；然而，如果牠看不到肉的蹤跡，就會停止嘗試。確定有回報才會想堅持下去，這是很合理的。

艾克曼解釋道：「肉塊愈來愈可見，牠們才會繼續行動。在十一隻烏鴉中，只有一隻烏鴉盲目地不斷拉繩子而得到肉塊……烏鴉有種非凡的能力，可以留意到自己的行為後果。」[10]如果某個行動看來沒有助益，牠們就會放棄。烏鴉像所有生物一樣需要食物，不會把精力和時間浪費在不確定的事情上，所以就不再拉動繩子。

如果這個實驗對象是人類而非烏鴉，我們一定會為第十一號歡呼喝采，就算成果未知，他仍繼續堅持、展現了非凡的毅力。然而現實情況是，那是無法實現的目標，他的精力也都白費了。雖然鳥類需要的生存空間比較小，但這個道理兩者都通用：堅持不懈不總是最好的策略。

雄性花亭鳥（鳥類世界的小白臉）的行為也有類似的成本效益考量。艾克曼寫道：

「作為配偶，牠們不會為雌性花亭鳥帶來任何好處。」[11]雄鳥只會做膚淺的表面工夫；跳誇張的舞蹈、瘋狂地揮舞翅膀、發出響亮的吱吱聲，這些都是為了吸引配偶。令人嘆為觀止的是，牠們還會蓋巧妙的建築物：用自然碎片、樹枝和小裝飾品（任何可以輕易撿拾的東西）搭出奇怪的小洞穴，讓雌性花亭鳥留下深刻印象。

雄性花亭鳥喜歡貯藏藍色的東西（原因不明），不過很討厭紅色物品，如果巢中出現的話，牠會氣急敗壞地馬上叼出。為了判斷花亭鳥解決問題的能力，研究人員便在牠們的小洞穴中鎖了一塊紅色小磁磚。

花亭鳥再怎麼挖掘、抓撓和拉扯，都無法移開它。艾克曼寫道：「聰明的雄鳥很快就發現新的應對策略：用落葉或其他裝飾物把紅色磁磚遮蓋起來。」[12]

然而，在部署B計畫前，花亭鳥必須先捨棄行不通的A計畫，也就是停止挖掘。否則牠們會無法吸引配偶，進而傳遞基因。

大自然非常無情，凡事只講適者生存。科因寫道：「對植物和動物了解得愈多，就愈驚嘆它們的構造，可說是完全依照適合生存的原則。」[13]它們付出許多努力，都是為了獲得最高的食物報酬率，否則物種就會滅亡。這是個殘酷無情的計算，每個動作、每個決定，都必須符合生存的目標。

讓我們再回來談談拜爾斯和蜜蜂。

拜爾斯的抉擇

拜爾斯退出二〇二一年的東京奧運決賽，但這不是她第一次放棄，另外一次是在二〇一三年的美國國內賽。此外，至少還有兩次。體操選手退賽並不罕見。在拜爾斯輝煌的職業生涯中，體育記者不斷在找尋她的特別之處：不可思議的平衡感、非凡的專注和沉著態度、驚人的柔軟度、強大的核心力量以及鋼鐵般嚴謹的訓練歷程。二〇二一年，拜爾斯告訴《紐約雜誌》的記者：「這些都是上帝賜予的天賦。」但最關鍵的元素也許是另外一項。

沒錯，這些特質都很重要。但如果堅持的代價太高，放棄的判斷就很重要。這個特質相悖於社會所強調的積極態度：韌性、不懈的動力和使命感。但韌性不代表一定要緊握拳頭、無視痛苦、逼迫自己度過難關。

矛盾的是，韌性包括放棄。

在東京，拜爾斯迅速地評估現況：「值得冒這個險嗎？」在接受《紐約雜誌》的記者菲利克斯（Camonghne Felix）訪問時，她坦承道：「我的身體撐不過去。」[14]她回憶道，早在五天前抵達日本時，她就感覺到信心不如往常，隨著奧會的賽事進行，她的疑慮變得更加強烈。

體操運動的風險很高，既要掌握瞬間，又要預防永久性的傷害。拜爾斯指出，選手的身體在空中失去方向感是很可怕的：「基本上，生死只在那一瞬間」。

對於像拜爾斯這樣的頂尖運動員來說，了解自己的身體狀況才能評估風險。他們必須分分秒秒、精確了解自己的優勢和劣勢。運動員的身心要保持同一步調，所以關鍵時刻的選擇很清楚。這項運動所帶來的成就感、激情以及所有回報，都比不上死亡或傷害的風險。這時，選擇放棄才是勇敢而有韌性的選擇。

與蜜蜂不同，拜爾斯不會飛（雖然她的動作彷彿違反地心引力），但她與蜜蜂有一個共同的重要特徵，這也是她取得卓越成就的主因：能夠掌握放棄的時機。

昆蟲學家賈斯汀・施密特（Justin O. Schmidt）著有《野性之刺》（*The Sting of the Wild*），他在書中介紹了令人討厭的東西：會刺人的昆蟲。呼應科因的看法，他告訴我，生物有兩個基本又原始的目標：「吃，以及不要被吃掉。」某件事行不通的話，生物就會停止不做，而且絕對不會大驚小怪或找藉口。[15]

人類是唯一會在放棄後思索再三的生物，包括在社群媒體寫下自我譴責的文章、在小酌時對朋友坦承內心的疑慮或在悲傷時盯著鏡子罵自己。

對一隻蜜蜂來說，生存的動力是為了確保更多蜜蜂能活下來。所以牠會不惜代價地保護蜂窩，當牠螫了侵入者時，自己也會死去，因為螫針會撕裂牠的內臟（只有雌蜂會螫人）。螫人後的死亡率是百分之百，但如果此舉沒有好處，哪隻頭腦正常的蜜蜂會做出這個決定？

施密特的實驗室位於亞利桑那州。他跟我解釋道，有時威脅者接近蜂群時，蜜蜂就會放棄螫人，而是以生命為代價衝去保護蜂窩。他的實驗結果於二〇二〇年發表在《昆蟲社會》（*Insectes Sociaux*）國際期刊上，內容指出，蜜蜂在飛行時會評估入侵者靠近蜂窩的距離，如果威脅很明顯的話，為了保護下一代繁殖力，蜜蜂就會犧牲自己去保護蜂窩。蜜蜂是勇猛的戰士，樂於為更大的利益而犧牲自己。[16]

但如果不符合整體利益的話，牠們就不會介入。施密特說：「要做出攸關生死的決定，蜜蜂一定會評估風險和利益。」[17]體操選手常要做出令人眼花撩亂的困難動作，所以要懂得評估風險與利害關係，如果成功的機會及回報太低，他們就會放棄。

既然雀鳥、蜜蜂和奧運選手都懂得放棄，那麼我們其他人呢？

有人踏進自己的私人空間時，我們會叫對方滾開，就像蜜蜂對待入侵者那樣。有時，我們也會花太多時間撕掉捲餅上的鋁箔紙包裝，就如同雀鳥要從藜蒺挑出種子。但放棄對人類來說也是攸關生死的問題嗎？

答案是肯定的。

二〇〇一年，西北大學的美式足球運動員惠勒（Rashidi Wheeler）在訓練時去世。同年，明尼蘇達維京人隊的球員柯瑞・斯金格（Korey Stringer）在炎熱的天氣下進行劇烈訓練後也不幸身亡。二〇一八年，馬里蘭大學的運動員喬丹・麥克奈爾（Jordan McNair）在一個燠熱的日子不間斷地練習，結果中暑倒地身亡。二〇二〇年，坎伯蘭大學的摔角選手格蘭特・布雷斯（Grant Brace）在團隊訓練中喪生，因為教練要求隊員們在大熱天裡跑上跑下。根據新聞報導，布雷斯說：「我需要水，誰來幫幫我，我覺得自己要死了。」一九九八年至二〇一八年間，至少有三十四名運動員在訓練中喪生。[18]

這些聰明、能幹的人一定已經意識到不對勁。熱衰竭的症狀很容易察覺：頭暈、頭痛、噁心、口齒不清、肌肉痙攣。但他們沒有停下來，也無視於身體發出的休息信號，身邊教練和隊友也沒有提醒他們，因而錯過了急救的機會。

舉白旗時刻

有次我參加海泳比賽，但過程中我覺得不太對勁，好像人快漂走了……但我不想放棄。我逐漸沒有力氣，於是讓自己的臉沉入水裡，沒多久我被海水嗆到了，然後發現有人把我抬上船。醫生氣急敗壞地說：「她難道沒有意識到自己命在旦夕嗎？」[19]

——美國長泳好手琳恩．考克斯（Lynne Cox）

「再不離婚就會死掉」

身體會告訴我們何時要停止。[20]承受巨大壓力時，身體會保持高度警戒，並發出停止的訊息，正如路上的警報聲和紅綠燈。史丹佛大學教授薩波斯基（*Robert Sapolsky*）在他的經典著作《斑馬為什麼不會得胃潰瘍》（*Why Zebras Don't Get Ulcers*）中提到，身體會竭盡全力讓我們知道何時負荷過重、失去平衡，這時心率、呼吸頻率和血壓都會飆升。身體在對我們大叫：「麻煩大了！求救！」

這種痛苦不僅是身體上的，心理也會承受很嚴重的壓力，所以絕不能忽視它。正如范德寇（Bessel van der Kolk）在《心靈的傷，身體會記住》中所說的：「無論情況有多悲慘，大腦最重要的工作是確保我們活下來，而其他都是次要的。」[21]

隨波逐流、將就度日不是辦法。時時滋養自己的身體和靈魂，按照自己的價值觀和標準去生活，才能增加整體的幸福感。不放棄的話，就無法存活下來。

問問茱蒂・艾琳就知道了。

「決定離婚時，朋友問我原因，我說得很明白：『因為我快死了。』這就是我打從內心深處的感受。」艾琳告訴我：「幸好我在死前逃脫了。」[22]

她在諮商中心工作多年，還擔任過科羅拉多泉市的協調專員。之後她開設了一間顧問公司，事業蓬勃發展。她風趣、聰明、口齒清晰、有魅力又善解人意。換句話說，她不會沉溺於在情緒中，任憑自己失控。

艾琳育有兩子，後來她決定結束婚姻，徹底改變生活。宛若飢餓的雀鳥一樣，她用非常浮誇的措辭來表達這個決定：再不放棄的話，連性命都會不保。

艾琳並不孤單。其他人也都表達了同樣的觀點。事實上，大家決定生活要有大轉變時，都會有類似的言行。雖然過程和細節不同，但都會談到生死。他們並不認為放棄只是可行的選項之一，而是生存所需，就如同氧氣一樣。

「在成長過程中，我學會了堅忍不拔的精神，」艾琳告訴我：「我什麼都能熬過去，還把吃苦當成吃補。但事實上，我不該撐這麼久。經歷了很多痛苦，我才發現是時候該做出改變了。」

艾琳回憶道，即便她試圖向朋友們吐露心聲，但他們並不明白情況有多嚴重。「我總是得到這樣的回應：『妳看起來沒事啊！』表面的樣子和內心的感受截然不同。我終究得對自己說：『我再也受不了了。』」

二〇二一年九月四日，她收拾好行李，開著她的灰色速霸陸休旅車離開科羅拉多泉市，向東行駛。「我心中有個念頭，接下來這一年我要在不同的地方生活，想清楚自己想待在哪裡；在咖啡店、書店、圖書館都好。」

結果呢？「我無法用言語告訴妳那有多棒。我沒有一刻感到後悔。」

她承認，一開始很難調適「半途而廢」的感覺。「這真是個汙點。我父親常說，不要虎頭蛇尾，必須堅持到底。凡事要有始有終，不要留下爛攤子。坦白說，新教工作倫理的教條就像隱性偏見一樣，會滲入我們的內裡。而改變方向就代表自己犯錯了。」這點的確不會讓人感到太愉快。

做出如此巨大的改變，艾琳會感到自己勇氣十足嗎？她反駁道：「『我不會讓自己死掉的。』說出這種話不叫勇氣，而是自我保護。」然後她會心一笑地說：「那時我心想，去他媽的，我就是要這麼做。我不用跟任何人解釋。人生只有一次。」

克莉斯汀．斯尼德也有類似的體悟，這位教師兼作家在芝加哥工作了二十年，直到二〇一八年五月，她突然意識到自己的生活整個就是不對勁。

「我必須要離開。我沒辦法繼續日復一日做這些事了，」她告訴我：「儘管我的生活很充實，也取得不少成就。」在西北大學教授寫作期間，她在六年內出版了四本廣受好評的書，但她覺得被困住了，一點方向也沒有。「我希望每天早上都能抱著熱情起床。但我一直都很累。我只能相信離開的直覺。」[23]

於是，她和她的伴侶足球教練亞當搬到加州的帕薩迪納。除了小說，她現在還寫劇本。「即使很辛苦，但這是我的人生，我不後悔自己做的選擇。來到這裡，感覺像是重新活了過來。再回到芝加哥的話，我應該會俯瞰公寓下方的山谷，然後掐死自己……」她又調皮地說道：「或其他人！」

這兩位女性都堅信，自己必須在人生中做出重大改變。這不是一時衝動，也不是隨性的念頭。這是關鍵的一大步，跨到全新的世界，否則會永遠留在原地。

人類的大腦就像所有生物的大腦一樣，都知道面臨危險時該做什麼：「放棄，然後轉向」。艾琳的大腦知道、克莉斯汀的大腦知道，培養皿中的黏菌也知道。那麼，為什麼我們都不常這麼做呢？

艾蜜莉（Emily）和艾米莉亞・納高斯基（Amelia Nagoski）這對雙胞胎姊妹在她們的著作《倦怠：解決壓力循環的祕訣》（*Burnout: The Secret to Unlocking the Stress Cycle*）中指出：「對人類、鳥兒和松鼠都一樣。在理性之外，有個直覺的聲音會悄悄地說：『你已完成所有能做的，是時候該繼續前進了。』然而，我們常常對它置之不理。事實上，人類（尤其是女性）反而有種超凡的能力去忽視這種聲音。」[24]

受虐的女性有時會因朋友和家人的勸告，於是一再地原諒加害者，以免造成家庭破裂。她們得到的忠告是，對伴侶的承諾優先於一切，不管自己受到多少身體或情感的傷害。

一般來說，放棄、離開、結束一段關係，都是社會規範所不容的。納高斯基姊妹寫道：「我們活在重視自制、毅力和堅持的文化中。我們都被教導，轉變目標或未達標都是個人的失敗，代表你太軟弱、不夠努力、對自己沒有信心。」

有時你會成功地放棄工作或一段關係，因為它們就像黏在杯底的種子一樣。「這樣下去不是辦法，」你心想：「我累死也是徒勞。」所以你跟艾琳、克莉斯汀、蜜蜂和烏鴉一樣，明智地放棄了。這樣你就有時間和精力去做其他的事情。

而這一切都始於神經元的活動。

放自己一馬

你想要放棄。在內心深處，你知道是時候了。感覺不對時，請聆聽身體和內心發出的訊息。放棄、轉向是生存守則，其他動物也會遵守。不要害怕被稱為放棄者，這能保護自己免於身體和心理上的傷害。

第二章

放棄是大腦的有氧運動

意圖和意志力被大大高估了。你很少用這些東西取得任何成就。[1]

——美國數學家許埈珥

陶德．帕克知道這些跡象。

就在五年前，他放棄了芝加哥帝博大學（DePaul University）的終身教職。他在康乃爾大學獲得英國文學博士時，對這份工作夢寐以求。但他在二〇〇六年離開帝博大學，成為一名方濟會修士，接著被派往舊金山，在施膳處工作。

四年後，那種熟悉的感覺又出現了：想要放棄的蠢蠢欲動。他堅信自己走錯了路，宗教生活並沒有滿足他的靈魂。他不再認為這是他的使命。

於是他第二次放棄。他報考了護理學校，回到自己出生和成長的新墨西哥州，並在一家診治殘疾人士的醫療機構工作。我打電話詢問他的近況，他堅定地對我說，他找到了自己的人生。

帕克說：「這也許是個勇敢做出改變的故事，但對我來說，其實是出於恐懼。我害怕在專業和道德層面離自己的期待太遠。我不想苟延殘喘地活下去。」[2]

帕克每一次的放棄行動，從教室到修道院，外在因素都有所改變。他從芝加哥搬到舊金山、再搬到阿布奎基；他換下粗花呢針織外套，接著改穿長袍、刷手服。

然而，這些改變的內在因素更重要。在他那蜘蛛網狀、破裂鏡狀般的迷宮中，有大約八百六十億個神經元。這是他考慮放棄的起點，電脈衝和化學物質在腦細胞中嗞嗞作響，指導他的一舉一動。

從斑馬魚身上找尋線索

過去幾年，研究人員在斑馬魚、小鼠和大鼠身上進行的有趣實驗，因此更加了解放棄的神經科學：在化學機制的驅動下，一種特殊的細胞讓生物停止動作。

不管是辭職、離開配偶或放下香菸，不管是瞬間的身體反應或深思數月後的重大決定，都是放棄或轉向的行動。

「人類有很多放棄的方法，」阿倫斯（Misha Ahrens）博士告訴我：「有一些方法跟魚很像。」[3]

在維吉尼亞州的霍華德・休斯醫學研究所（Howard Hughes Medical Institute），透過基因工程和超高解析度的數位顯微鏡，阿倫斯的團隊觀察到魚腦在決定放棄時的活動狀態。希望有朝一日，我們能將這些資訊應用於複雜和精密的人類大腦。

阿倫斯和他的同事相信，這項科學新發現能改善我們的生活，包括治療藥物和酒精成癮，或是從強迫症等自毀性的精神疾病中得到解脫；它甚至能增強認知靈活性（Cognitive Flexibility）。放棄是人類一切活動的核心，它包括行為、決策、動機、主動性、選擇和志向，也能緩解憂鬱和焦慮。

對於阿倫斯這些神經科學家來說，這一切的探索始於一個比油漆碎片還小的生物大腦。

我們對大腦一無所知。

哈佛大學分子與細胞生物學教授恩格特博士（Dr. Florian Engert）寫道：「關於大腦細

胞的連結模式，這些運作原則不管多基本，也仍然十分難懂。」[4]

人們喝咖啡的過程很清楚：用彎曲的手指及拇指握起杯柄，啜飲一口，然後又把杯子放回原處。但喝咖啡的意圖卻很複雜，是我們看不到的部分；神經元經過無數種活動，才會產生喝濃縮咖啡的意圖。

阿倫斯十年前建立了自己的實驗室，此前他在恩格斯博士的指導下做博士後研究。他們發表過一項革命性的實驗，並震驚了腦科學界：他們完整觀察了十萬隻斑馬魚的神經元活動。

「我們試圖突破科學的極限。」阿倫斯回憶起他在恩格斯實驗室的時光：「大腦每時每刻的狀態都不同。」

在那個具有歷史意義的實驗中，斑馬魚劇烈游動、然後停下來的過程，一直留在阿倫斯的腦海裡。他說道：「我建立自己的實驗室後，又再次複製這個實驗。這種劇烈的行為轉變很有趣。大腦沒有一刻是靜止的。生物怎麼會突然做出截然不同的事情呢？顯然跟大腦的內部運作有關。」

他意識到，這些魚的狀態跟所有動物（包括人類）都一樣：放棄、重新開始行動。

到了二十世紀末期，科學家還只能透過神經傳導物質來判斷大腦的活動。「看看是什麼驅動了神經活動，但這就像是透過汽油來了解汽車引擎。」范德寇寫道。[5]等到全新的成像技術出現後，科學家就能即時捕捉大腦的運作狀態。他解釋道：「我們終於看到引擎內部了。」

阿倫斯和華盛頓大學的神經科學家布魯喬斯（Michael Bruchas）強調，他們想幫助人們解決成癮問題，所以才想從神經成像來看大腦分分秒秒的運作機制。

然而，就算配備了有史以來最先進的成像設備，要弄清楚大腦如何運作，仍是一項艱鉅的任務。大腦的結構很複雜，而且絕對不會停滯不動。「受到基因、環境以及藥物的影響，神經元會不斷改變它們的形狀和連接方式，」布魯喬斯告訴我：「組成的方式千變萬化。」[6]

科普作家薩巴爾（Ariel Sabar）想出一個貼切的比喻，神經元的連結與交流廣泛又複雜，有如菊花鏈一般。「細胞經由電脈衝來交換訊息；電脈衝以微秒的速度穿梭於大腦各個區域的網路。」薩巴爾在《史密森尼雜誌》（*Smithsonian Magazine*）上寫道：「每時每刻……大腦中的北京都在跟赫爾辛基通話，而拉巴斯和坎帕拉一直在會議中插話。」[7]

即便是在做簡單、無聊的舉動（如喝咖啡），腦中的訊號交換依然很忙碌，那就更不要說玩填字遊戲、創作交響樂、表演側手翻或決定退出法學院等更複雜的活動。即使像斑馬魚這般微小的生物，在決定暫時停止甩動尾巴時，腦袋也經歷了複雜的活動。

順便一提，為什麼神經科學實驗室都喜歡用斑馬魚做實驗？這些出沒在印度和南亞淡水溪流中的耐寒熱帶小魚，價格便宜又容易採購，而且繁殖速度驚人。牠們的基因很容易被科學家操縱，所以牠們的神經元在忙碌時會閃爍著亮綠色。斑馬魚年幼時身體是透明的，所以薩巴爾說：「用看的就知道小斑馬魚在想什麼。」[8]

負責「放棄」的細胞

就本能上來說，斑馬魚會以緩慢但穩定的速度逆流而上。為了阻撓這種強大的驅動力，讓魚感到挫折，阿倫斯的團隊利用了虛擬實境的技術。他們在水缸上架設了視覺回饋裝置，也就是在螢幕上投射彷彿在移動的光柵，而斑馬魚因此相信，即便牠們再怎麼努力游動，都還是無法前進。

阿倫斯告訴我，小魚的第一反應是更加努力游動，因此會消耗比平常更多的能量；

但過一段時間後就會放棄了，接著進入「被動、消極」的狀態。正如我們在第一章所提到的，生物不會在無意義的事情上消耗太多寶貴的能量，否則就會死亡。

利用成像技術，阿倫斯和他的團隊得以觀察斑馬魚決定放棄時大腦的活動，進而標記出驅動行為的神經元。這是重大的科學進展，但在研究早期，斑馬魚給他們出了道難題。

阿倫斯回憶道，魚兒停止反抗時，首先觸發的不是神經元，而是在人類和其他生物身上都有的「神經膠質細胞」(glial cell)。它與神經元不同，不會產生電脈衝，而且又被稱為幫手細胞或管家細胞。神經膠質細胞負責支持更重要的神經元，就像賽車的維修站工作人員一樣。「神經元的效能不斷在提升，」阿倫斯告訴我：「眾所周知，神經膠質細胞的運作速度較慢。」然而，科學家現在才發現神經膠質細胞的重要性，特別是對於記憶和免疫系統等基本功能。在顯微鏡下，這些神經膠質細胞看起來像是不整齊的星芒，其觸角纏繞在其所支持的神經元周圍。[9]

「我們已能觀察到神經膠質細胞的活動，只是還不知道它們的意圖，」阿倫斯說：「我不太相信它們只是為了維持神經元的健康。」

阿倫斯又說，在三種神經膠質細胞當中，放射狀星形的膠質細胞會在魚兒放棄的那一刻被觸發。

二〇一九年，科學家在《細胞》雜誌上說明該實驗的結果。他們發現，神經膠質細胞會觀察斑馬魚所花費的力氣，只要超過某種臨界點（可能是嘗試某項活動好幾次），它們就會發送直截了當的訊息：放棄。[10]

星形膠質細胞先前沒沒無聞，但現在科學家才知道，它們能偵測魚兒的挫敗感，並讓魚兒認輸。

「星形膠質細胞是完成這種神經迴路的關鍵因素，」阿倫斯告訴我：「但它的諸多功能到目前都只是猜測，科學家也還沒有在人腦中找到線索。」

為了驗證他的假設，阿倫斯用雷射光阻止星形膠質細胞參與放棄的過程，結果這些魚變成美式足球隊教練最愛的選手：只知道勇往直前，絕不停止。「消滅那些細胞後，」阿倫斯說：「你就會得到一條永不放棄的魚。」

相反地，當星形膠質細胞不斷受到刺激時，科學家就創造出老是在放棄的魚，它們很容易就不游了。無需訴諸於虛擬實境的技術，只要活化這些細胞，就可以讓魚兒相信自己的努力毫無意義，懶得嘗試、堅持下去。

但這些突破對人類有什麼意義呢？是否有助於創造更幸福、更豐富的人生呢？

正如阿倫斯所說，這些基礎科學研究有助於為應用科學和醫學奠定基礎。在神經科學中，每一個步驟都很重要，科學家相互交流才能產生結論。那麼，人腦的星形膠質細胞是否可能影響人類的決定？

「很有可能，」阿倫斯若有所思地說：「由於相同的機制，我們也許會進入同樣被動而消極的狀態。」

他的實驗對人類最終會有什麼影響，還需要許多年的時間去探究。阿倫斯和團隊成員還在研究星形膠質細胞，包括化學物質釋放的順序、它如何抑制或啟動神經元的活動等。

可以確定的是，我們已經比前人更加理解大腦的調節功能，做出對生存沒有貢獻的舉動時，它就會告訴我們要停止努力。雖然阿倫斯在工作上努力不懈，但他也認同我對於毅力的質疑：「『永不放棄』，我不喜歡這樣的態度，」他想了一下說道：「那不一定是正確的策略。你付出很多努力是沒錯，但那並不會讓結果變得更有價值。」

放棄的化學物質：致痛素

關於思考，神經科學家布魯喬斯想了很多。

他談到，自己位於華盛頓大學的三十人實驗室近年來有重大的進展。他口中洋溢著興奮之情，你可以感到到，這對他而言不僅僅是份朝九晚五的工作。

他的頭銜證明了他的工作有多複雜；他是麻醉學、疼痛醫學和藥理學教授，還在生物工程系教課，以及主持成癮、疼痛和情感神經科學研究中心。

布魯喬斯知道大腦的天賦和創造力：爬山、織圍巾、寫十四行詩、解數學方程式和製作舒芙蕾。但他也知道，這個器官會帶給人可怕的煎熬和長期的痛苦，包括憂鬱症、思覺失調症、焦慮症、藥物和酒精成癮、暴食症和強迫症。

布魯喬斯認為，愈了解大腦，就愈能減輕這種痛苦；愈了解放棄（大腦決定改變做法），就愈了解大腦的運作模式。

舉白旗時刻

我下定決心要去理解愛因斯坦的理論。我會找一本書，把所有不熟悉的詞翻譯成我

能理解的詞。於是我去圖書館翻找書籍，最好是愛因斯坦自己寫的。前三頁很順利，但到了第二天，我讀到一個很難理解的方程式，我的實驗就這麼結束了。我遇到了瓶頸，但那是重要的一步……到大二學期結束時，我至少對相對論的哲學背景有了足夠的了解。因此，與愛因斯坦聊聊天還是有所幫助的。[11]

——美國物理學家伯因斯坦（Jeremy Bernstein）

布魯喬斯解釋，他的研究「對兩種人會有所幫助」。「生活動力不足的憂鬱症患者以及藥物濫用者。後者很有行動力，只是用在錯誤的地方。鎖定特定的受體，就可以調節某些行為，進而了解神經調節的過程。」

他繼續說：「大腦中有電子訊號，也有化學訊號；我們要研究的是作為調控機制的化學傳遞物質……我們調高和調低大小鼠身上的化學訊號，後者是由一團經過數千年演化的受體所接收的。我們正在努力了解這種傳遞機制。」

二〇一九年，布魯喬斯及其團隊提出一項突破性的發現：他們找到疼痛傳導神經元（與動機有關）與其連接的受體，並確認它們相互作用的方式。在大腦的「腹側被蓋區」

中，這些特殊的神經元會釋放抑制多巴胺的「致痛素」。[12]而今，大多數人都對多巴胺不陌生，它可說是大腦的派對策劃者，負責讓我們從食物、性和音樂等事物中獲得愉悅感受。多巴胺在神經元之間傳遞訊號，讓人發起行動、享受美好時光。致痛素能抑制多巴胺，這也就是一種放棄的機制。

布魯喬斯與他的同事注意到，只要老鼠們發現自己受夠了，並決定停止動作，致痛素就會變得更加活躍。致痛素會釋發出一種蛋白質，它與受體結合後，就會阻斷身體吸收多巴胺；沒有這種滿足感，老鼠就會感到氣餒而放棄。

那麼，致痛素和放棄的念頭孰先孰後？

「我們還不知道。」布魯喬斯坦承。他和團隊正不遺餘力地要努力找出答案。有朝一日，他們或許能幫助有各種成癮問題的人。

「比方說，有人在玩吃角子老虎機，」他告訴我：「他們一次又一次地投錢幣，但到了某個臨界點就會放棄了。」他和同事在實驗室裡複製了那個場景：老鼠用鼻子戳一個按鈕，就會得到一小顆飼料。接下來，牠們必須戳兩次、四次、六次（指數增加）才能得到飼料。老鼠達到臨界點時就會放棄了。

我們都知道「受夠了」的感覺；意志力啪地一聲就斷了。「壓垮駱駝的那一根稻草」一出現。我們就會停下來。

布魯喬斯說，從大腦中觀察到致痛素的突然增加，這是一項重大發現。他希望藥廠能製造藥物來操控腹側被蓋區中的活動，以打破成癮的迴路。

但他提出警告：「我們並不知道其他細胞會有什麼反應；阻止了一件事，也許會有其他的連鎖效應。堅持的態度也是由大腦發出的，而且途徑應該很多。」

對大腦來說，放棄比堅持還要難

范德比大學的心理學教授沃梅爾斯多夫（Thilo Womelsdorf）強調，放棄是大腦最困難的動作，它需要一種能力，而研究人員才剛開始了解它有多複雜：認知靈活性。

好消息是，大腦嘗試新事物的次數愈多，就會做得愈好。活化的大腦是快樂的大腦；放棄對大腦來說就像有氧運動。

沃梅爾斯多夫說，研究人員發現，「留下或離開」的決定對大腦來說很困難：「為了改變做法或轉換跑道，大腦必須整合所有可行的選項。為了獲得相關的資料，大腦的許多區域必須協同運作。」[13]

沃梅爾斯多夫解釋道，大腦似乎為了這個目的保留了某些特殊區域；既可以靈活地改變方向，或是安穩地保持原狀。

在二〇二〇年發表於《美國國家科學院院刊》的一份研究報告中，沃梅爾斯多夫與資訊系、腦科學研究中心的同事一同找出相關區域的位置以及其運作模式。

沃梅爾斯多夫說，在外皮質下方的基底核是神經元的家園，它讓我們能做出精細的動作，比如彈鋼琴。有了身體靈活性，手指才能在琴鍵上躍動；而大腦具備策略靈活性（Strategic Flexibility），才能做選擇、想策略和預測結果。

沃梅爾斯多夫與多倫多約克大學的視覺研究中心合作，一同測量了大腦執行棘手任務（像是做選擇）時的活動；受試者在解決難題時，大腦就會變得更加活躍。但只要他們熟悉了任務的內容，神經元的活動就會減少。然而，只要新問題出現，神經元的活動便會逐漸增加。

沃梅爾斯多夫團隊中的研究員、該報告的第一作者波若簡尼（Kianoush Banaie Boroujeni）在總結中說道：「這些神經元似乎有助於大腦迴路的重整；基於以前收集的訊息和已建立的連結，大腦產生新的活動和新訊息。」[14]換句話說，面對挑戰時，大腦得到了真正的刺激。

多虧了大腦有可塑性，我們才能不斷去適應新環境。科學家過去認為，大腦是一個黑盒子，出生後的神經元數量一輩子都不會增加。但我們現在知道，人們在七十歲時還有辦法學會吹低音管或跳探戈。所以陶德・帕克才有辦法從文學講師變成護理師，因為他學會了不同的技能以及吸收大量新資訊。

先天或後天的身體障礙會干擾認知功能。沃梅爾斯多夫說，跟認知靈活性有關的神經元若不能正常運作，我們就無法轉移注意力或適應新環境。相對地，有些人的注意力很容易飄走，「無法長時間專注在重要的資訊上」。沃梅爾斯多夫希望，有朝一日他的研究可以幫助到患有強迫症或類似問題的人。為此，他和的同事正合作開發藥物，以治療思覺失調症以及阿茲海默症等。他說，多了解大腦的運作過程，將有助於實現這一目標。

然而，梅爾斯多夫提醒我們，關於認知靈活性的神經網路，我們現今只知道皮毛而已。神經元快速地轉換和變化，我們才能做出放棄或繼續前進的決定。他說：「要停止某種行為時，某些神經元會抑制其他神經元。於是我們能夠放棄當下的活動去做別的事情。」

他猜想，「放棄並轉向」的神經迴路應該存在，而他決心要找到它們。

人腦不是封閉的思考機器

大腦會在挑戰中茁壯成長。研究人員在各種實驗中證實，多多嘗試各種活動，大腦解決問題的能力和表現度就會增強。我們跟其他生物一樣，大腦正常運作時，會定期且策略性地放棄某些事物。

然而，在一個關鍵點上，我們與其他生物完全不同。正因如此，就算有時放棄是明智的選擇，我們還是難以放下。

薩波斯基在他的另一本名著《行為：暴力、競爭、利他，人類行為背後的生物學》中寫道，對於人類的行為和原因，學者通常會廣泛地納入所有生物的範疇：「但有時，了解人性的唯一方式就是從人類的角度出發，因為我們所做的事非常罕見……人類建構文化，相信生命有些本質上的意義，也會將這些信念世代傳承下去。」[15]

雖然我們大多自認是獨立的思考者、可以自己做決定，但你我終究都還是社會的一分子，無法逃離。大腦不是封閉式的思考機器，范德寇提醒我們：「大腦的化學機制會與社會相互作用。」生物學家海恩利許（Bernd Heinrich）在他的著作《生命的涅槃：動物的死亡之道》（*Life Everlasting: The Animal Way of Death*）中寫道：「文化就像我們腳下的土地，是由遠古時期生物體的白堊和石灰岩累積形成。數千前年來社會所遺留的知識、缺失和啟發構成了文化。在長期的耳濡目染下，它進入我們的大腦中，並長成無形的生命，就像植物經由根部吸收養分一樣。」[16]

我們活在由各種藝術所構成的世界：小說、電影、電視影集、歌曲、推文、迷因、廣告、詩文、告示牌、標語、ＩＧ發文和電玩遊戲。它們創造欲望，形塑我們的觀念、態度和行為。

它們還教我們如何看待放棄。

放自己一馬

大腦就像身體，渴望移動和變化，所以讓它保持敏捷和靈活。花點時間不斷重新評估方法和目標。反思人生的其他可能性。放棄不是投降，而是大腦的有氧運動。

第三章

放棄是推動劇情發展的重要元素

生活總會有點混亂，但接受吧；生活有點複雜，但為此歡慶吧……不要害怕。你隨時都可以改變主意。看看我：我已經有過四份工作和三個丈夫了。[1]

——電影編劇諾拉．艾芙倫（Nora Ephron）

在一九九九年經典黑色喜劇《上班一條蟲》（Office Space）的一個場景中，珍妮佛．安妮斯頓飾演的喬安娜受夠了史坦（她那位戴眼鏡的丑角老闆）的種種行徑，包括要她在制服上別上愚蠢的徽章。史坦不斷地在嘮叨，最終她爆發了。她不幹了。

接下來的片段在YouTube上的觀看次數已經超過百萬次；它也象徵著數百萬個低能的老闆、無趣的工作場所以及愚蠢的規定。喬安娜宣告：「我討厭這份工作。我討厭這份該死的工作，我不需要它了！」

揮舞著中指，她走了。

這個場景如此受歡迎，可見放棄所產生的共鳴有多深。這個念頭誕生於大腦中，但你我又生活在世界裡，有文化、《上班一條蟲》和各種放棄的行動。

喬安娜的中指代表她做人的原則，為了努力維護勞動者的權利，以對抗這個冷酷的公司。或者她只是在發洩情緒，但總之，沒有人對放棄是無動於衷的。同樣地，在二〇二二年熱門影集《天后與草莓》中，保羅．唐斯（Paul Downs）飾演的吉米也戲劇化地辭掉工作。你要嘛歡呼，要嘛對他短視的愚蠢行為翻白眼，沒有中間立場。這樣的情節是個好指標，可以用來衡量你對於放棄的真實感受。

在看到吉米和喬安娜堅定表達自己立場後，下次主管責罵你時，你是否會更有意願做出同樣的事？或恰好相反。如果你平時老是魯莽又狂妄，那麼，看到別人一時衝動辭職，你會更有耐心和克制一點嗎？這正是電影的真正用途。

生活脫離不了戲劇（反之亦然）

作家斯佩克特（Matthew Specktor）在他的洛杉磯生活回憶錄《總是撞到同一輛車》

（*Always Crashing in the Same Car*）中談到：「電影能提醒我們的真實身分；藝術能產生認同感……藝術和生活是相輔相成的。」[2,3]當然，娛樂作品不一定要有教化人心的意義，但透過電影、影集和小說，我們可以去感受放棄的心情，看它是得意的解脫、膽怯或後悔。

「這些情節會成為流行迷因是有原因的，」英國影視記者曾勒（Emily Zemler）說：「一個畫面涵括了這麼多的意義。」[4]在《廣告狂人》中，伊莉莎白・摩斯（Elisabeth Moss）飾演的佩姬辭職後，拿著一箱東西、叼著菸走出辦公室。曾勒提到，這個場景如此迷人，是因為「它象徵了眾人的渴望，也是我們沒有付諸的行動。辭職是冒險的舉動，需要很大的勇氣。誰不想大罵煩人的老闆、不甩制服要別徽章的規定？這是眾人共同的夢想，但很少有人會實現它」。

但這樣的情節不符合世俗的價值觀，所以才會帶來一點顛覆性和刺激感。這麼多年來，放棄都被定位為糟糕的舉動，是懶惰鬼、膽小鬼的逃避做法。在經典電影中，勇者都是那些不放棄的男人和女人。在一九五二年的電影《日正當中》裡面，賈利・古柏（Gary Cooper）在罕無人煙的小鎮獨自面對壞人；在一九六九年的《大地驚雷》中，約翰・韋恩拚死也要追求正義。在一九八三年的《絲克伍事件》（Silkwood）中，梅莉・史翠普所飾演的主角即使生命受到威脅也要揭露真相。這些電影強化了這種印象：放棄是懦夫的出路。

「大多數人都低估了媒體對我們的影響有多深遠。」[5] 社會心理學家普萊斯（Devon Price）說道。普萊斯著有《懶惰不存在：為疲憊、受剝削和工作過度的人辯護》（*Laziness Does Not Exist: A Defense of the Exhausted, Exploited, and Overworked*），他強調：「幾十年來，這些強硬、堅韌又獨立的英雄一次又一次地粉墨登場，對我們產生了強烈影響。」

「從很小的時候，我們的生活就被這些媒體形象包圍，但沒有人教我們去質疑這些訊息，」普萊斯繼續說：「我們習慣從電視節目、廣告、電影還有社群媒體影片去了解世界的運作以及自己在其中的定位，並以此來推敲自己的行為表現。這些畫面廣泛地影響了人類的行為。」

普萊斯認為，文化形象很細微，但有高度的影響力。「當我們感到疲倦、孤獨、想逃避時，就會被動地吸收資訊，而不會加以質疑。隨著時間推移，媒體就可以輕易塑造大眾的期望和觀點。」

普萊斯說，在我們還來不及發現毅力只是一種迷思，它就已悄悄地被植入人心，「毅力和堅持的神話、美國的民族精神、新教工作倫理、文化與教育……這些因素息息相關，讓人們下意識地依照它們生活。」

因此，觀眾看到喬安娜對那個笨蛋經理比中指時，都會非常興奮。同樣地，吉米拒絕老闆的命令、不甩沒品味的客戶、隨後就辭職，就像電影《輕騎兵的衝鋒》（Charge of the Light Brigade）的士兵一樣勇敢。

文化滲透我們生活的每一角落。記者伊茲拉．克萊恩（Ezra Klein）在二〇二一年六月的播客節目中談到疫情後的經濟情況，但節目標題沒有提到「聯準會」或「不動產抵押證券」，而是直白地說：「歡迎來到新時代——『去死吧，這份工作還給你』」；這是取自於一九七八年派切克（Johnny Paycheck）所演唱的鄉村歌曲。

古典文學中也有不少跟放棄有關的主題，這些戲劇性的情節或許與你此時此刻的困境相呼應。在亨利．詹姆士的小說《貴婦畫像》（*The Portrait of a Lady*）中，主角伊莎拉要面臨重重的抉擇；在易卜生的戲劇《玩偶之家》中，諾拉最終決定要走出家庭。在《白鯨記》中，亞哈船長則是執著於他想獵捕的鯨魚。

這些放棄的情節和主角的心情都大不相同，顯見這是個困難的抉擇。

令人感同身受的角色

在一九八二年的經典電影《軍官與紳士》中，理察．吉爾飾演的梅奧立志成為一名海軍飛行官。然而，他激怒了福萊士中士太多次；福萊士也強迫梅奧要完成一連串嚴苛的體能訓練，好逼他退訓。在痛苦中，梅奧氣力耗盡、瀕臨崩潰邊緣，他最終大喊：「不！長官！你可以把我踢出這裡，但我絕不放棄！」

在這裡，主角的放棄會激起觀眾的另一種情緒（相較於喬安娜爆發時）。在《上班一條蟲》中，放棄代表自由；在《軍官與紳士》中，放棄代表毀滅，因為梅奧會因此失去同袍、歸屬感和身分。我們支持喬安娜辭職，但梅奧放棄的話，我們反而會感到很傷心。透過戲劇，我們便能發現自己對放棄的矛盾態度；就在屈服於壓力而不得不退出時，總是充滿愛恨交織的心情。

在《BJ單身日記》中，芮妮．齊薇格飾演的布莉姬在離開公司前，對著吹毛求疵的老闆休葛蘭說：「留下來工作的話，每天都會在十公尺內看到你。老實說，我寧願幫海珊擦屁股。」在《征服情海》中，湯姆．克魯斯氣勢洶洶地要離職，還鼓吹同事跟隨他的腳步，但只有桃樂絲（也是齊薇格演的）加入。

在二〇二二年的情境喜劇《生活新方向》中，三位女主角在好友去世後，開始摧毀整齊有序、平淡乏味的生活，並蹣跚地走向未知。莎拉（Maggie Q 飾）放棄了外科醫生的工作，到一家超市打工，這是她有生以來最快樂的時光。（我有個朋友是急診室醫生，她告訴我，這是所有影集中她最喜歡的橋段。她也夢想著如此轉換職涯，尤其在上了一週的夜班後。）

然而，放棄大多被放在負面的情節中。情境喜劇《小學風雲》在二〇二一年播出，開場就有位老師走出學校大門，她緊緊抱著一個小紙箱，裡面裝滿她的文具用品。這所髒亂的學校位於貧民區；她比出中指，頭也不回地走了。喬安娜在臨別時帥氣地撂下狠話，但這位老師卻是神智不清。孩子們欺負她，但她這樣放棄學生，令人感到不光彩、丟臉又自私。

觀看這些場景有種療癒感，會勒猜想：「當討喜的角色做出放棄的舉動時，我們能感受到他們的堅韌和勇敢。觀眾會被激勵和安慰，甚至也會做出重大決定。我們會發現自己並不孤單，因為大家都想離開沒有前途、毫無意義的工作。」哪怕是有意義的事情，壓力太大的話，也會令人難以承受。

放棄的情節都很有趣，慌亂又情緒化，就像珍妮佛在《上班一條蟲》中粗魯的告別。但過了一會兒，那笑聲在你的喉嚨裡消失了，你感覺到更嚴重的事情發生了。從此之後，一切都是未知數，甚至會不太正常；憂慮在你腦海裡劈啪作響，輕率和恐懼在你心裡不斷顫抖。你放下了工作、孩子、伴侶等各種責任，即將落入無人知曉之地。混亂又有趣——但只是暫時的。

舉白旗時刻

我在連續劇《朝代》所扮演的角色是康絲坦斯……第一季結束後我離開了。我每週都在講一樣的台詞，只有戲服不一樣而已……康絲坦斯哪裡都去不了，但我本人還有去處。我不幹了！[6]

——芭芭拉．史坦威（Barbara Stanwyck）

人生是選擇題

放棄的那一刻看起來既可愛又帥氣，但清醒的現實隨後就來到。主角在一時衝動下出走，而觀眾也想知道，接下來怎麼辦？在電影《畢業生》中，凱薩琳．羅斯（Katharine

Ross）飾演的伊蓮突然將未婚夫留在教堂裡，與達斯汀・霍夫曼私奔去了。他們坐在巴士的後座，表情從興奮變成了猶疑，似乎在說：「我們到底在做什麼？」放棄總是要付出代價的。

在電影《譚美》中，身陷困境、剛失業的譚美（瑪莉莎・麥卡錫飾）決定拋下一切，然後與活潑的外婆（蘇珊・莎蘭登飾）展開一段旅程。一開始兩人瘋癲嬉鬧，但沒多久，一股逐漸蔓延的恐懼取而代之：事情一一出錯。

世事難料，總是令人感到不安。

在一九八三年的《叛逆狂熱》中，麥可・派瑞（Michael Paré）飾演的搖滾明星突然急流勇退，當中的謎團沒人可以解開。在這些電影中，主角的放棄決定既不振奮人心、也不有趣，而是充滿絕望、不安和危險的氣氛。

放棄反覆出現在電影、戲劇和歌曲當中，因為它是一種非常重要的人生體驗。我們被那些翻轉人生的情節所深深打動。在狄蘭・湯瑪斯（Dylan Thomas）的詩作〈不要溫和地走進那個良夜〉中，父親在垂死之際卻被鼓勵要反抗死亡，去「怒斥光明的消逝」。這首詩非常震撼人心。有些人認為它扣人心弦，象徵著永不放棄的精神，要奮戰到剩最後一口氣。其他人則認為，我們應該坦然接受死亡的必然性。

就像羅夏克墨跡測驗一樣，對於生命最後旅程的看法因人而異

得獎作家斯皮奧塔（Dana Spiotta）在二〇二一年出版小說《任性》（*Wayward*），當中的主角說道：「接受這個版本的人生，就等同於拒絕另一個版本的人生。」這部小說的主題就是放棄。「這個身體已在地球上活了五十三年，不管她有多了不起，都不足以應付接下來會發生的事情。她必須做出改變。」[7]

小說的主角名叫莎曼珊，一位有睡眠障礙的中產階級女性。她很多事情都不順，丈夫不理解她、十多歲的女兒忽視她、母親又快死了。她一籌莫展，於是買了一棟舊房子並獨自搬進去。

莎曼珊放棄家庭生活，是為了所有改變。風險是有的，做了才會知道，但反悔也為時已晚。

斯皮奧塔在雪城大學教授創意寫作，她告訴我：「放棄是負面的字眼。但你必須先放手，才能去做其他事情。那幢房子彷彿在對珊曼莎說話，所以她想要搬進去，接著重塑人生。」[8]

在書寫《任性》時，她想解答這個問題：「真能將過去拋在腦後嗎？」你也許做不到，但至少可以重新開始，過得更快樂一點。「辭掉工作或放棄婚姻，當然會受到社會批判，」斯皮奧塔說：「所以放棄的情節才會這麼有戲劇效果。它非常複雜，你很難得知自己去做某事是在逃離還是奔向它。」

舉白旗時刻

> 我在大二那年退學了；我覺得要成為作家就得這麼做，那確實很戲劇化。我也已離婚了。人都會安於現狀，然後慣性開始出現，直到脫離困境，才會意識到自己曾陷進去。放棄需要冒險賭一把。
>
> ——斯皮奧塔

古典文學與歌劇的放棄情節

像斯皮奧塔這樣的小說並非罕見。在經典文學中，主角從事大膽的放棄之舉後，就能重塑人生。在《頑童歷險記》中，哈克逃離有暴力傾向的父親；在《大亨小傳》中，蓋茨比告別了他的過去。

有些讀者能體會主角的心情，有些人則是嗤之以鼻。每個人對自己人生的控制權看法不一。有的人像蓋茨比那樣離開原生家庭，從零開始打造人生。有的人像頑童一樣乘坐木筏順流而下，勇於面對未知的挑戰。

英國精神分析師亞當．菲利普斯（Adam Phillips）在二〇二二年於《倫敦書評》中談到，卡夫卡、莎士比亞以及佛洛伊德的作品會這麼有啟發性，都是因為談到放棄（尤其是《馬克白》和《李爾王》）。他寫道：「數千年來，人們對放棄的態度、迷戀和鄙視，都在顯示自己的信念以及內在對話的內容。」[9]

他對悲劇英雄提出了一個有啟發性的定義：「過度執著並釀成災禍的代表性人物」。李爾王、哈姆雷特、馬克白和奧賽羅都是如此，他們被無法擺脫的衝動（如報復、野心和嫉妒）所驅使、被內心的惡棍所俘虜。

「放棄」的主題很有張力，所以常出現在戲劇中。菲利普斯寫道：「我們大多認為放棄是缺乏勇氣，並過度強調完成任務、貫徹始終的價值。放棄要有好理由，否則把事情做完就對了！因此，放棄不會令人感到驕傲，因為我們沒有拿出自己最好的表現。」

然而，在一八五一年出版的《白鯨記》中，亞哈船長瘋狂尋找白鯨「莫比敵」，對他來說，放棄是正好是做不到的事。他無法放下自己的執著以及長期的目標，所以才會這麼痛苦。船長對著他的大副星巴克咆哮並呻吟道：「這事怎會如此莫名奇妙，既可怕又不可思議。彷彿有個狡猾、殘忍無情的君主或主人在背後操弄著，我才會棄絕天生的愛好與渴望，不斷逼迫、催促、鼓勵自己前進。」[10]

〈去死吧！這份工作還給你〉是流行歌，莫札特的《唐．喬凡尼》是歌劇，但兩者都談到放棄。在歌劇中，唐娜懇求男主角不要再搞那些風流韻事。「門都沒有！絕對不可能。」於是唐娜舉起了雙手，讓唐喬凡尼為自己的淫蕩行為付出代價：到地獄去反省。這個結局是蠻理想的。而唐娜最終去了修道院。

派恩斯（Roger Pines）在芝加哥歌劇院擔任編劇二十五年了。我問他有哪些歌劇談到放棄，他沒有一絲猶豫，立刻列出一份長長的清單。以下是幾個重點。

在威爾第的《茶花女》中，薇奧蕾塔放棄交際花的生活，後來也不再幻想與阿弗雷多過著幸福的人生。[11]在奧芬巴哈的《佩莉柯爾》（La Perichole）中，女主角放棄了她與皮奎洛在街頭的生活。在華格納的《萊茵的黃金》中，阿爾貝里希被迫交出他所製作的戒指。「於是阿爾貝里希對那個戒指下詛咒，接著壞事就開始了，」派恩斯說明道：「這個故事延續到另外三部歌劇。」他強調，無論是關於愛情或生命的歌劇，都是以放棄為核心。

舉白旗時刻

十八歲時，我告訴自己「我再也不要玩音樂了。」單簧管是我的興趣，我真心喜愛這個樂器，也吹得很好。但我必須要有一份能賺錢的工作。我小時候很常半途而廢，因為我是個完美主義者。上週末我重新拿起單簧管，四十年來的第一次！熟悉的吹奏感都回來了。[12]

——黛安．凱西

人是社會思想的產物

梅爾維爾於一八五三年寫了一部引人入勝的小說《抄寫員巴托比》，其字字句句都籠罩著放棄的陰影。但主角的態度正好與亞哈船長相反；巴托比放棄的速度飛快，最後他除了放棄，什麼事也沒做。這兩人的命運都不算理想的人生。

巴托比的個性「神祕莫測」，他在華爾街從事文件抄寫的工作。一開始他的態度還不錯，雖然偶爾會面無表情地拒絕一些工作。漸漸地，他不願意做的事情愈來愈多。敘事者回憶道：「我下了最後通牒，於是他告訴我，他決定放棄抄寫工作。」[13] 巴托比就這樣被趕出辦公室了。

巴托比最後死在監獄中。「他身體側臥，蜷縮在牆腳下，頭靠在冰冷的石頭上。」他的生活方式最終帶他走向死亡。

有些人不認同巴托比的放棄習慣。為了你自己的幸福，不如換個人生榜樣好了。在約翰・厄普代克（John Updike）的短篇小說《A&P超市》中，主角以一種華麗而無用的姿態辭職了。這個悲喜劇於一九六一年首次發表在《紐約客》，此後不斷被收入各大文學選集，可見放棄這個主題多有戲劇性和魅力。

《A&P超市》的主述者是在賣場工作的年輕男孩。一個夏日午後，幾個穿著泳衣的年輕女孩晃了進來，易怒的老經理於是怒斥這些女孩。男孩這時挺身而出，勇敢地對經理說：「我不幹了！」接著他解開工作圍裙後方的蝴蝶結，一把就從肩膀扯下它。在故事的結尾，他失去了工作，也知道他再也見不到那些女孩了。「我的背垮了下來，」他悲傷地說：「這世界對我來說太難存活了。」[14]

文化很重要，生物學家海恩利許提醒我們：「我們不僅是基因的產物，也是思想的產物……思想對我們有深遠而長久的影響。」[15]

而這些影響並不總是正面的，特別是過度強調持之以恆的價值。普萊斯提醒道：「就像十九世紀勵志小說家愛爾傑（Horatio Alger）的作品一樣，今日的主流媒體仍在崇尚勤勞、鄙視懶惰。」[16]

更糟糕的是，一些網路名人也在宣示，只要你不放棄，就可以像他們一樣有錢和出名：「這些大明星將自己的好運歸因於努力工作，」普萊斯寫道：「因此，人們對於成功有不切實際的期望，也不懂國家財富的分配方式。」[17]

我們沉浸在螢幕中，看著意見領袖說放棄有多危險、毅力有多輝煌，大腦也不停地在吸收這些影像和想法。看到這裡，讀者應該會感覺到故事還沒講完。的確，就像任何一部超級英雄電影一樣，主角的堅持其來有自。「放棄是錯誤的，不惜一切代價都要撐下去」，這種觀念是為了特定目的而創造及培養出來的，而最終變成一種理想和神話。

但它到底從何而來、由誰而起、目的為何，我們接下來會繼續談。

放自己一馬

《落跑新娘》你已看過十幾遍了。當芮妮・齊薇格在《BJ單身日記》中責罵休葛蘭時，你會握拳慶祝。你感受到主角的大膽和決斷，也準備好要改變自己的生活了。但或許，你反而會感到緊張和擔憂。重溫你最喜歡的「放棄」作品，觀察自己的反應，看看你對於改變生活的態度為何。

PART

2

被汙名化的「放棄」

唯有將努力工作視爲成功的關鍵，
才能繼續相信這個世界是公平的，並且合理化不平等。[1]

——亞當．格蘭特

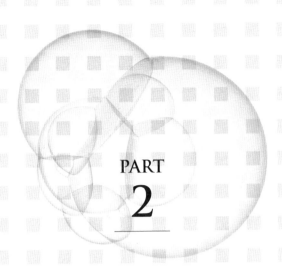

第四章
「毅力」是一門好生意

俗話說：「勝者永不放棄，放棄者永無勝利。」不過，有時候放棄是策略性的，是最好的計畫。[1]

——史蒂芬・杜伯納（Stephen Dubner），《超爆橘子經濟學》作者

海瑟・史東（Heather Stone）說話時，偶爾會顯現出家鄉肯塔基州的口音，那是柔和的南方輕快語調，就像微風拂過某些音節。不過，在大多數情況下，她的聲音是純正的芝加哥風格：平淡、冷靜、不拐彎抹角；閱歷豐富，且樂於分享。

「那一段是黑暗的時期，」她告訴我：「我盲目地勇敢一試，認為一切都會成功。好吧，我確實得到想要的，但跟我想的不太一樣。我覺得自己是個真正的失敗者。但我不會回頭看。我已經做了決定，只能接受現實。」[2]

史東是我的前同事，我在一個夏日的星期天下午與她碰面。在密西根湖沿岸度過了

數十年寒冬之後，她和伴侶凱搬到佛羅里達州。這是個很大的變化。她坦承：「我望向窗外，眼中都是西班牙苔蘚和棕櫚樹，看不到任何一棟高樓。」

她一邊製作烤起司三明治，一邊談到自己如何離開熱愛的工作。她本來是《芝加哥論壇報》攝影師，總是在世界各地追新聞，像伊索比亞、埃及、日本、波蘭和法國。但接下來不管要做什麼，她唯一確定的是，不會是攝影了。

「回頭想想，」她說：「這一切都必然會發生，但過程非常艱辛。」

二〇〇八年，在《論壇報》工作了十餘年後，史東辭去了工作。「我一時衝動就辭職了，」她回憶道：「生命還有許多好事，我決定放手一搏。」但她並沒有走得太遠，她在芝加哥開了一間攝影工作室。然而，對她的家人而言，這個舉動太冒險了，他們都說：「妳有一份超級好的工作耶！怎麼說不做就不做了！」

工作室的生意普普通通，而且她還要背房貸，所以不久後她就開始緊張了，銀行也是。

於是她回到《論壇報》，改當攝影部門的技術人員，薪水只有原來的一半，也沒機會再飛往法國或埃及。她坦承：「那是學習謙遜的機會。」但她掌握了自己的財務狀況，所以可以再考慮辭職。就在那時，她和凱（他也是一名攝影師）有默契地想到：是時候該離開了。

佛羅里達聽起來很有趣，尤其是在中西部度過那麼多灰暗和陰森的冬天。「這是另一次轉變的好時機，於是我出發了，」史東表示：「我在芝加哥生活了二十年，也充分體驗過了。該是時候做點別的了。」

他們一開始打算租房子，但後來找到了適合的房子可以買。

凱在從事婚禮影像製作，工作很穩定，而史東不確定自己下一步要幹嘛，只知道不會跟相機有關。

「我必須在這裡重塑自己，也許重回學校試試，」她笑：「我邊走邊看，隨性做點事情，以設法回應宇宙對我的呼喚。」

勵志書的始祖

對於史東的個人冒險之旅，英國國民作家斯邁爾斯（Samuel Smiles）一定會搖頭嘆氣。若你能穿越時空回到維多利亞時代的倫敦，並告訴他史東的經歷，他應該會感到荒張又錯愕，連他雙排扣的長版大衣都會被汗水浸濕。他還會喃喃自語：「辭掉工作？三次？朝著全新的方向前進？回應宇宙的呼喚？這人瘋了吧？」

一八五九年，斯邁爾斯出版了一本書《自助：品格和行為的典範》（*Self-Help: With Illustrations of Character and Conduct*）。史東決定轉職，這與他在書中熱切宣揚的理念恰恰相反。《自助》一書收錄了許多成功人士的故事，包括工程師、陶藝家、地質學家和船長，內容有鼓舞人心的寓言故事和激勵人心的精神喊話。他反覆強調說，堅持是一種品格，少了它，就無法擁有幸福又成功的人生。這本書非常轟動，當年有無數的讀者在瘋狂搶購，並在小酒館或自家客廳裡討論和引述。

時到二十一世紀，放棄變成失敗的同義詞，也是令人感到羞愧而難堪的經驗。在十九世紀，斯邁爾斯兜售毅力的樣子，就像以前的導遊會在車上叫賣治療痛風和心悸的萬靈丹。

斯邁爾斯生於一八一二年，當年他強調，選擇一條道路後，就一定要走完，過程中絕不能轉向。無論有什麼挫折或障礙，你都要嗤之以鼻、勇敢突破。只要努力工作、永不放棄，就一定會成功。

「他在對的時間點啟發了勵志產業。」[3]彼得．辛尼瑪（Peter Sinnema）告訴我。辛尼瑪是亞伯達大學的英語系教授，也曾為牛津大學出版的《自助》（*Self-Help*）一書撰寫序言。他研究了毅力這個概念的來龍去脈，也對十九世紀的英國文化狀況瞭若指掌。在那個時代，工業革命改變了一切，少數人獲得了巨額財富，而大多數人卻過著貧困又磨難的生活。對於許多熱愛思考、觀察敏銳的讀者來說，得找到一種方法來接受這巨大的貧富差距。這就是斯邁爾斯的天賦所在，他意識到讀者不想要單調的道德教訓。所以他提供多采多姿的名人故事，描述他們堅持不懈、獲得成功的過程。

「人們想要成功，所以斯邁爾斯就用他們的渴望來創造一門新產業，」辛尼瑪說：「他把傳記變成一種勵志商品。在這個無情的市場經濟世界中，推動自己前進是非常重要的。如果別人做得到，我也能做到；只要努力，就能成功。」

當然，這就意味著反之亦然：如果你沒有成功，那肯定是因為你不夠努力。猶豫、偏離正軌、善變、無能還有放棄，全都是你失敗的原因。

《自助》出版的同年，生物學家達爾文發表了他的《物種起源》一書。「從此以後，我們才理解人類在世上的地位。」辛尼瑪說。

達爾文影響了我們對自然界的看法，他以狂暴的知識力量摧毀舊觀念，正如斯邁爾斯的文化革命。他堅定地認為，唯有「堅持到底」才能帶來有價值的生活。除非你有天生的狗屎運或是含金湯匙出生，否則最好老老實實地工作。在接下來的四十年，斯邁爾斯出版了續集，包括一八七一年的《品格的力量》（*Character*）和一八七五年的《節儉人生》（*Thrift*）。這些書都同樣受歡迎，內容也很明確：想要飛黃騰達，一切取決在你。你就是因為猶豫、畏縮才會失敗，而不是政府或法律的錯：「無論律法再嚴厲，也不能讓懶惰之人變勤勉、浮華之人變節儉、嗜酒之人變清醒。行動、節儉和自制才能帶來改變。強大的權力動不了你，良好的習慣才是根本。」斯邁爾斯在《自助》一書中嚴厲地寫道。

書中的故事都在表達同一個觀點：命運掌握在自己手中。想要富有、強大又過得滿足，就像成功人士那樣傾盡全力、付出汗水和犧牲享樂。命運操之在你的做為，休想怪到別人頭上。

傳記作家艾薩克森（Walter Isaacson）在《班傑明・富蘭克林》中提到，這位美國開國元勛常被稱為「自我成長運動的守護神」。[4]的確，富蘭克林的著作《窮理查年鑑》在一七三二年出版，比《自助》早了一個多世紀。艾薩克森寫道：「這本書掀起了一股熱潮，並持續到今天。這類書籍的特色是提供許多簡單規則和祕訣，讓你的生活和事業無往不利。」富蘭克林的作品賣得非常好，內容包括「親切的道德格言、食譜、瑣事和八卦等」。

然而，《自助》的內容更加詳細而有系統，而不是提供生活竅門、快樂清單和親切格言。它不像《窮理查年鑑》那麼有趣，斯邁爾斯不打算娛樂讀者，而是要提供激勵的榜樣：「這些發明家、藝術家、思想家和各行各業的工作者會成功，都要歸功於孜孜不倦的勤勞和努力。」

斯邁爾斯的宏大想法風靡於十九世紀末及二十世紀：貧富差異完全是窮人的錯，所以不能歸咎於統治階級的貪婪、腐敗和缺乏社會良知。《自助》讓富有的人免於社會責任，直到二十一世紀，它繼續毒害我們的思想。

勵志商品百百款

這段歷史聽起來蠻有趣的，而且，你之所以會討厭自己的工作，還要努力尋找放棄的勇氣，也全都跟這本書有關。

《自助》一書影響深遠，所以你才會猶豫這麼久；否則你早已跟同事道別，準備下鄉去經營農場了。事實上，你正在對抗一種想法，它的力量自斯邁爾斯的時代至今一直不減反增，甚至形成了一股文化浪潮。放棄本來只是一個選項，是改變生活與價值觀的方式，但今日卻人人聞之色變。命運是由一連串複雜的因果關係所構成（包括你所屬的社會階層、經濟狀況以及天生的體力和智力），但現代人卻相信，成功的根源很簡單：努力。我們仍然活在斯邁爾斯所留下的思想文化中。當人們感到沮喪或停滯不前時，就會責怪自己，懷疑自己為何無法獲得成功、走出自己的路。

斯邁爾斯的名字不再家喻戶曉，但他倡導的自我成長法則仍左右了我們的幸福觀和人生觀。自我創造是一股強烈的信念和驅動力。今日蓬勃發展的人生教練產業全都受惠於這些勵志書籍，如斯邁爾斯還活著的話，只要換個時髦的服裝，也可以自稱是人生教練。當然，他得要面對眾多的競爭者。

二〇〇七年，布魯克・卡斯蒂略（Brooke Castillo）被《衛報》譽為「人生教練界的女王」。[5] 她將自我賦權的理念變成利潤豐厚的播客節目、書籍和線上課程，並直接培養出更多的人生教練。她的獲利在二〇一七年至二〇一九年間成長了四倍。二〇二〇年，她人生教練學校的總收入達到三千七百萬美元。據美國記者門羅（Rachel Monroe）的報導，她的客戶都學到這些觀念：「我的問題不是由外在環境造成的。只要我能控制自己的想法，慣老闆、惡婆婆都傷不了我。」

然而，這種崇高而完美的觀念也有黑暗的一面。其一，如果你我的生活達不到某種刻板的快樂和物質標準，內心就會感到不足和羞愧；這全都是因為你不夠努力。

更甚者，在我們情緒崩潰時，它的破壞力會更強。心理治療師朱莉雅・山繆（Julia Samuel）在《悲傷練習》中寫道：「在當前文化下，每個人都相信自己可以解決問題，並使狀況變好……但悲傷卻正好相反，這種情緒無法克制、而且為時甚久。因為我們不得不接受，這世上有一些事是無法修復的。」[6]

不過，人們很難承認茱莉亞的看法是對的，因為奮鬥的文化深植人心，大家都想追求無限和完美的目標。特別是在美國人生活的這片土地上，充斥著熱情、興奮的情緒和無限的樂觀主義。「美國人是一群太有遠見、只著眼於未來的人。」文學教授歐布萊恩（Sharon O'Brien）說。二十世紀初，女性作家薇拉・凱瑟（Willa Cather）在小說《我的安東妮亞》（*My Antonia*）中描述了美國中西部移民所經歷的艱辛和危險。歐布萊恩在介紹這本小說時談到：「時下的廣告激起我們追求青春的念頭。現實又投機的商人把這些渴望製作成產品，並保證你會因此轉化並得到新生的自我。這些產品包括化妝品、球鞋、減肥產品、生髮產品和廚房用具。」[7]

健身教練兼作家史托伯格（Brad Stulberg）發現，無止盡地追求完美只會帶來負面結果。在新書《踏實感的練習》中，他介紹了自己指導過的成功人士，而這些人都陷入同樣的困境：倦怠和壓力。他們生活的節奏飛快，卻感覺不到任何進步。他們取得的成就愈多，就愈感到空虛。然而，他們卻不想放棄或改變方向，因為深怕自己會失去動力、追不上他人。

他說：「罪魁禍首就是代代相傳的個人英雄主義。那些倡導者總永無休止地說，你得變得更好、更有自信、想法更正面、擁有更多事物。男人們都說這是應該扛起的重擔，所以他們都想變成刀槍不入、戰無不勝的勇者。女人們則表示，她們必須無所不能，以迎合那不可能達成的期待。」[8]

舉白旗時刻

二〇〇七年四月六日早上，我昏倒在住家辦公室的地板上，躺在一片血泊之中。在

我倒下的時候，頭撞到桌角、眼睛被割傷、連顴骨都撞斷了。我因為過度疲勞和缺乏睡眠而倒下……在我昏倒後，我不得不問問自己，這就是成功的樣子嗎？這就是我想要的生活嗎……我知道有些事必須徹底改變了。[9]

——《哈芬登郵報》創辦人亞莉安娜．哈芬登

長久以來，社會一直在逼大家要成為超級成就者。史托伯格指出：「在今日，這種壓力只是用不同的說詞來包裝……努力、有志向固然很好，但你必須先重視自己和身邊人的需求，否則它就會變得極具破壞力，讓你痛苦萬分，並摧毀你的世界。就算你勉強抵達終點，也沒什麼意義。這太蠢了！」

然而，我們每天接收到的訊息都在強調：放棄是不可取的。他建議道：「忽略它們，並擬定放棄策略，英勇地抵抗不切實際的壓力。生活中有各式各樣的行為指示，但跟隨內在羅盤的指示也是很重要的。放棄大多數人所讚賞的事情，就是在粉碎刻板的行為指示，並將注意力集中在內在的羅盤。不過這麼做需要很大的勇氣。」[10]

放棄、退出、重整旗鼓……這些詞所代表的策略是一樣的。生活不是一場成王敗寇

的零和遊戲；在不同的階段，每個人都當過贏家，也當過輸家。人生不是獨攀的登山活動，而帶著懷疑和痛苦與同伴前行的旅程。

作家馬修．斯佩克特在二〇二一年接受文學雜誌《百萬富翁》（*The Millions*）的專訪，他說道：

不要再自欺欺人了，你我都知道，人生是失敗的溫床。錯失成功的機會、關係破裂、失去工作、讓朋友和孩子失望……生老病死，人人都會經歷到。

運氣好的話，你會得到一兩項成就，並把它們變成內在的養分，就像面對失敗一樣……你會懂得保持彈性，失敗不能打擊你、成功不會擾亂你的步伐。[11]

不過，彈性並不是斯邁爾斯珍視的特質。正好相反，他強調的是剛直、不能動搖、不能妥協、更不能放棄。[12]「你必須成為自己幸福的推動者，」他寫道：「成功之路就是沿著前人走過的正道、堅定不移地前進。」[13]他的理念到今天仍有許多書籍、文章、研討會和播客節目在推廣。牧師、神祕主義者、營養學家、醫生、運動員、業務員、教授等各領域的專家，都在傳達同一個訊息：無論做什麼都不要放棄。

源源不絕的勵志書

某人在第五十九頁放棄了。

不知道他是誰、他的髮色如何，他住哪裡、做什麼工作或開哪種車。但我確切地知道他的希望在哪裡破滅，就是在文字底下、劃線停止之處。

我在二手商店以銅板價買下牧師華理克（Rick Warren）的《標竿人生》，在前五十九頁，上一位讀者用亮橘色螢光筆熱情地劃線，以強調吸引他的段落。有些段落是整段圈起來，可見這位讀者有多興奮：「這段太有道理了，還有這一句……天啊！他說得真好！」

一頁又一頁，一章又一章，驚嘆號和打勾記號佔據了頁邊空白處，彷彿在大聲叫好。這位不知名的讀者忙著塗塗寫寫、尋找靈感，不斷想找出生活的意義跟動力。

然後，突然間，熱情消失了。

在第五十九頁，這位讀者正在努力衝刺，並在本章的最後一句話下方草草寫寫下：

奉獻自己，為祂的目的所用。來到第八章時，頁面上完全沉默，不再有驚嘆號、打勾標記和大圓圈。除了原書的條列重點，頁邊空白處不再有簡短的註記。

其餘的三百二十一頁原封不動，沒有刻痕、汙跡、劃線、圓點和記號，甚至連一滴灑落的咖啡漬或一根不經意的睫毛都沒有。

我能猜到這位讀者發生了什麼事（假設他沒有過世的話）：他放棄奮鬥了。

我不是在批評他，遠非如此。很少有人（包括我在內）可以從頭到尾看完一整本勵志書，或是長期堅持健康計畫。一開始大家都興致勃勃，但之後便會停滯不前。這是令人感到難堪的雙重打擊，為了成為堅持不放棄的人，我們擬定了慎重的計畫，但終究還是半途而廢了。

這個可憐人帶著希望和期許，在文具店買下氣味刺鼻、筆尖濕潤的橘色螢光筆，接著翻開《標竿人生》一字一句地劃線，但最終還是失敗了。於是，他丟棄證物，把這本書捐給二手書店，眼不見為淨。

事實上，二手書店有大量的自我成長書籍，我也常去挖寶，看看有沒有人談到放棄的議題。此外，我也常逛跳蚤市場或慈善義賣，看看有什麼收穫。我發現，自我成長的書籍數量之多，不但輕鬆擊敗了歷史、傳記和科幻小說，就連羅曼史和食譜都不是它的對手。這足以證明，每個人都渴望改變自己、除掉惡習，想變得更快樂、更有愛（還有更瘦）。但這也表明，這些書再多也不能滿足人心，就像垃圾食物一樣，吃了之後只會更餓。於是我們一直在買書、閱讀、劃重點，然後放棄，接著尋找下一本。

我以前不太注意勵志書籍，但後來發現到它們很有趣、也很發人深省，而且內容散發著閃亮的樂觀主義。不過，若你想要變好、做得更好，這些書的內容是難以反駁的。

研究這類書籍的學者沙夫納（Anna Katharina Schaffner）寫道：「文化評論家一再指出，那些勵志書的作者將所有的問題都視為個人問題，把失敗歸咎於缺乏意志力和韌性。」然而，這些書也有積極的一面，她提醒我們：「期許自己有所成長，這與自我認知、掌握人生和轉變的渴望密切相關。這是永久的想望，是生而為人不可或缺的一部分。」[14]

女權律師卡米納（Wendy Kaminer）也同意這一點。在《功能失調的你和我：復元運動和自我成長風潮》（*I'm Dysfunctional, You're Dysfunctional: The Recovery Movement and Other Self-Help Fashions*）一書中，她以詼諧的風格抨擊這股文化，但她也承認這些書的吸引力：「生活總令人迷惘，這是每個人的處境。不難理解，若有人自稱是人生專家，大家都會想聽他怎麼說。專家會安慰你，他有一套方法可帶你走出困惑。而當中最明白而核心的精神就是：不要放棄。」[15]

心想事成的祖師爺

今日流行的「心想事成」風潮早在二十世紀初就出現了，它被稱為新思想運動（New Thought Movement）。當時有兩本名著廣為流傳，其內容也貶低放棄的價值。它們今日還在書店暢銷榜上，還會被當作畢業禮物。你一定聽過它們（即使不曾讀過）：《思考致富》以及《積極思考的力量》。光憑書名它們就在美國文化史上佔有一席之地。現今人生教練的觀念都可回溯到這兩本書的作者：拿破崙・希爾（Napoleon Hill）和諾曼・文生・皮爾（Norman Vincent Peale）。

這兩本書所要傳達的理念都一樣：心想事成（或稱為顯化法則）。許多海報和螢幕保護程式都會以壯闊的自然景色為底，並配上類似的勵志小語：有夢就能實現，唯一的阻礙只有你自己；你一定能堅持到底，抵抗放棄的誘惑——行動吧！

「務實的夢想家不會放棄！」[16]希爾在書中寫道，此書於一九三七年首次出版，並多次再版。他在前言宣稱，鋼鐵大亨安德魯．卡內基教他一套祕訣，讓他獲得巨大財富和永久的幸福。算了吧！希爾於一九七〇年去世，沒有任何證據顯示兩人見過面，更不要說《思考致富》出版時卡內基也已經去世了。

這本書充滿許多來源可疑的故事，但主角都因為勇於夢想而成為百萬富翁。希爾說：「意念與情感結合，就會形成一種磁力，並吸引其他類似的意念。」[17]除非你放棄，否則任何事情都能克服。希爾堅稱：「除非你在心裡先投降，否則絕不會被擊敗。」[18]

在〈毅力〉一章中，他寫道，「大部分的人總是隨時準備好要退縮，一看到阻礙或壞事發生，就立刻放棄……缺乏毅力就是失敗的主因。」[19]對啦！三〇年代的大蕭條、二〇〇八年的金融海嘯、家人生病和健保政策都不是問題。「沒有毅力的話，」希爾說：「在任何行業中都無法獲得成就。」[20]

希爾提出了「毅力清單」，並列出十六種自我破壞的舉止，請讀者衡量自己的缺點，例如「漠不關心、隨時準備妥協、面對逆境沒有奮鬥精神」以及「一有失敗的徵兆就打算放棄」。[21]

《思考致富》十分激勵人心，語調就像叫賣哥那樣聒噪，但不少人討厭這種風格。皮爾的文字溫和又平靜，令人想起慈祥的祖父。但這兩本書的內容大同小異：用想的就能得到成功和快樂，並擁有支持你的朋友和愛你的家人。美好的事物不會自己到來，你必須召喚它們來到身邊；只要發揮思考的力量，它們就會進入你的生活中。你的思維就是你的命運，因此你絕不可以有放棄的念頭。

這兩人都是在發現自己有表演的天賦後才進入勵志產業的舞台：皮爾是牧師，希爾是推銷員和胸懷大志的演員。

《積極思考的力量》始於一聲呼喊：「相信自己！對自己的能力有信心！」[22]其他部分也同樣振奮而激勵人心，皮爾提出了教戰守則：「在接下來的二十四小時內，要有意識地談論一切，包括你的工作、健康和未來。」

這本書我也是買二手的，原主人只在其中一頁的空白處寫了一行字，感覺心情較為沉靜。相較之下，《標竿人生》的讀者則是用橘色螢光筆留下了熱情的註記。

看到這一行時，我當下立即閃現出這背後的故事。這位讀者在一九五二年時買下這本閃閃發亮的新書。也許他那時在廚房裡和伴侶爭執，情感出現危機，所以必須設法挽回。

這個心碎的人在皮爾的這些文字上劃線：「這個原則明確、可信且真實。你心中強烈渴求的東西，一定能得到；你所期待的，正是你想要的。」

在這段話左邊的空白處，讀者手畫了一顆小星星並寫下這句話：

★　我想讓艾德離開嗎？

我希望，如果這位讀者想讓艾德回來，而他也值得對方的愛，那艾德終究會回來的。

從不看勵志書的成功人士

保羅．彼得森從未在勵志書上劃線，也從未圈起有見解的段落。他也不會折起書角以供日後查找。老實說，他從未翻過任何一本勵志書。他厭惡它們，特別是別人專程送給他讀的。這有點像收到減肥書的感覺，之後就你就會一整天都站在穿衣鏡前，憂心忡忡地端詳自己的臀部。

雖然彼得森不喜歡看勵志書，也不想知道幸福人生的捷徑，但也能理解人們買這些書的原因：「人們喜歡規則和計畫，這樣才知道下一步的行動為何。」

他遇過很多爛老闆，這些「自大的混蛋」讓他的生活宛如置身於地獄一般。幸好他已擺脫他們的魔爪，但他永遠不會忘記，當中有個主管丟了一本勵志書給他。

「那傢伙真是垃圾，」彼德森冷冷地說：「我看著他身後的書櫃，每一本暢銷的勵志書和錄音帶他都有。」[23]

彼得森的憤怒是可以理解的，況且沒有那些成功祕訣，他也過得很好。因為，除了他天生的聰明才智，他還懂得善用放棄的策略。長達三十五年的廣播生涯中，他主持過一系列的節目，每次只要收聽率上升、有人前來挖角時，他總是立刻跳槽，所以他的薪資一直在成長。

「我對自己有種不切實際的信念，」他笑著說：「我無法判定事情的全貌，也搞不清楚自己真正想做的事。」於是他只好不斷嘗試，也獲得不少成果。

彼得森生長於亞利桑那州的梅薩（Mesa），在成長過程中，他最喜歡用收音機聽棒球比賽和搖滾音樂，而這也成了他畢生的事業。

「我愛這份工作，而且樂在其中。」現在住在鳳凰城的彼得森說。一九八〇年十二月八日是他最難忘的工作日：「那晚約翰．藍儂遇刺身亡，我正在做現場節目。全世界都瘋了，每個人都打電話進電台大哭特哭。」

他思考敏捷、反應又機智，所以馬上就在廣播界有一席之地。「我在這條食物鏈上升得很快，一路走來，我對工作也愈來愈務實。」他曾在鳳凰城、洛杉磯和芝加哥等各大城市的電台工作。

雖然他瞧不起勵志書，但格外諷刺的是，但他與這個產業的淵源很深。「我姑丈是有名的自我成長專家。」他的大姑姑是厄爾．南丁格爾（Earl Nightingale）的第一任妻子。厄爾是七〇年代當紅的電台名人，他常在節目中用粗曠、穩重的聲音說些老掉牙的勵志小語。在一九八九年去世前，厄爾將自己的事業版圖擴展到書籍和唱片。他說自己讀完了《思考致富》後，才受到鼓勵走進了這一行。

彼得森相當肯定，他那有名的姑丈一定會譴責他的放棄之舉。但彼得森說，他會如此成功，都要歸功於自己不斷換工作。它是一種有效的攀爬工具：「在生活中，我總是喜歡把事情搞大。」而廣播是實現這個目標的完美途徑，他笑著說：「因為我從來就不會小聲說話。」

舉白旗時刻

有一天，老闆叫我進去，開始批評我的稿子。我被狠狠臭罵一頓，然後我就失控了。「我會的事情你根本就做不到，」然後我指了他辦公室外的人：「外面那些人也一樣。」我本來坐著，然後整個人彷彿活了過來。我站起來表達自己的觀點，就好像猛虎出閘一樣。接著我回到座位，繼續完成當天的工作。回到家後，我寄出一封電郵，上面只有一句話：「我明天不去上班了。」

——保羅．彼得森

羅恩．羅登和瑞克．麥克維從未見過面，因為彼此住的地方相差千里。他們唯一的關連是：兩人都跟我聊過自己改變人生方向的歷程。但他們對於放棄的看法截然不同。前者把放棄視為船錨，後者將其視為船帆。

羅恩自稱是生命的探索者，他和妻子與兩隻狗兒住在中西部的小鎮，家中有數個書櫃，全都擺滿了勵志書籍。他隨口就能說出這些書籍的段落。他經常在手機上瀏覽相關的YouTube影片以及收聽播客節目。

「我的一生都在尋找靈魂。」他告訴我：「我一直有種渴望，想去實現生命的終極意義，但從來沒有成功過。我會辭掉那麼多工作，就是因為我沒有辦法從中得到滿足。」[24]

他翻出一些舊履歷給我看。「這些工作可以追溯到一九八六年，但很多歷程我都忘記了，只能一一列出項目。」他曾在遊樂園和沃爾瑪大賣場擔任攝影師，也曾在麥當勞、小餐廳當過廚師。他當過工人、水電工、國標舞老師、按摩師、電腦公司的櫃檯服務人員、瓶裝水送貨員、調酒師、卡車司機、房地產仲介。他甚至還自己創業：製作獨木舟和咖啡桌。

「我真希望有些工作我能堅持做下去，」他說：「也許今天會有點地位。」

舉白旗時刻

> 為什麼我老是在換工作？後來我恍然大悟，因為我不想成為其他人的樣子。這就是我的動力。我想要與眾不同。我不想當個普通人。
>
> ——羅恩．羅登

我指出，他的技能和經驗範圍之廣，著實令人讚嘆。這些工作他並沒有做不好，只是選擇退出並繼續前進。老闆對於他的離開感到遺憾，也都希望把他請回去。但許多自我成長專家都會認為，他對人生的不滿足，就是因為不斷在換工作。

辭職真的是職業殺手嗎？做過各式各樣的工作真的是件壞事嗎？根據Inc.雜誌二〇二一年的一篇文章，答案是否定的。「瘋狂急著尋找理想的工作，」一位資深職涯教練說：「那是不必要的，你職業生涯的第一階段，就是嘗試多種工作。」[25]放棄應該是合理的選擇，不管是為了更好的待遇或只是想體驗不同的工作。

在一次大型民調中，社群網站LinkedIn請用戶想一想，他們會給二十歲的自己什麼建議。文章指出：「類似的建言不斷出現，如『多多嘗試』、『犯錯才有學習的機會』以及『勇於探索未知』。總之，找到志業最好的方法就是不斷行動。」

所以，放棄不是需要避免的舉動；那只是社會加了太多負面聯想在其中。

瑞克．麥克維也常換工作，但他不會因此而煩惱，反而覺得很高興：「每次到了放棄的那一刻，我都覺得這是正確的決定，」他告訴我：「我喜歡生活有些改變。」[26]

他最近從伊利諾州的河岸森林搬到阿拉巴馬州的莫比爾。「我最好的朋友住在紐奧良，我每年都會去拜訪個幾次。兩人也常開車去旅行。有次去了莫比爾後，我就愛上那個地方了。」

瑞克生長於賓州的蘭開斯特，並在附近的約克長大，他的父親在當地的卡特彼勒拖拉機廠工作，瑞克高三時也在那邊打工。後來他參加了公司的幹部培訓課程，接著被送到克里夫蘭，然後就是不斷換工作、在各個城市挑戰新生活。只要有嘗鮮的機會，他都會抓住。他經營過男裝服飾店，有次某位員工要離職，說要去念護理學校，瑞克便心想，這個主意好像不錯……

瑞克從護理學校畢業時已經四十歲了，他在加護病房當了三年護理師，然後去肯塔基州加入治療愛滋病的試驗團隊。隨後他去了伊利諾州，並在醫院的心血管科服務。他還當過藥廠的業務，每隔幾天就要到不同的城市工作。

「我很喜歡那份工作，」麥克維說：「星期一在邁阿密、星期三在聖地牙哥……」但不久後他又起心動念，想經營民宿，「不過，那工作量太大了」。結果他在芝加哥頂下一間花店，並經營了五年。他說：「許多名人都來光顧過，巴布·迪倫、雪瑞兒·可洛、蜜雪兒·歐巴馬、大小威廉斯姊妹……」

他的感情生活維持了二十年，但友好地分手了。瑞克說：「對方最近告訴我，他非常佩服我。因為每次我搬到新城市後，就能立即融入當地的生活。」

工作並不是唯一一個他常放棄的領域。他有段時間是長老會教徒，並被任命為教會執事。他想過要加入天主教，但最終決定加入聖公會。而今，猶太教在呼喚他，在準備受洗前，他還去上了十八週的課。

本來搬到莫比爾是為了準備退休，但他又在想要去考不動產經紀人的證照。也就是說，他又想面對下一個挑戰。

是否有人對他說：「你太常放棄了？」

「從來沒有……人們會受到我的故事所啟發。有些人會擔心自己年華老去，但我總說，歲月帶給我許多經歷！」

他認為，放棄是一種解放的力量，也是一種健康的習慣，與多吃蔬菜和晨間冥想一樣有益。他的頭腦、身體和靈魂因此而更加柔軟、有彈性：「我的人生從未像現在這麼快樂及滿足。」

放自己一馬

從小到大，大人們總是說，毅力是成功的關鍵。眾多書籍、播客節目和YouTube影片都在警告放棄的負面作用。但放棄有多個面向，讓你可以隨時再出發。你總有機會變成不同的人。這不是沒有專注力，而是意識到人生有無限的可能發展。

第五章
運氣不好時，放手也是明智的做法

隨機性總是令人難以承受……無論既定目標有多麼困難，除非在其中得到寄託，否則我們是不會放棄的。而今，量子物理學告訴我們，有時事情就是發生了，其中沒什麼道理。愛因斯坦為此深受其擾。據說他曾驚呼，若隨機性真的是常態，他會馬上去賭場工作，而不是繼續當物理學家。[1]

——奧地利物理學家塞林格（Anton Zeilinger）

雪倫・哈維（Sharon Harvey）並不居功。一次大膽而無畏的放棄之舉，從此改變她的人生，以及數以百計流浪貓狗的命運。但她確信這不是她的功勞。

她說，這一切歸功於兩個強大和神祕的事物。第一：運氣；第二：小修。

我們馬上就會談到運氣，但小修又是誰？

在二〇〇三年之前，這個女人任職於世界知名的克里夫蘭醫學中心，並擔任心臟血管外科部門的主管將近二十年。這個職位責任重大，也為她帶來名聲及豐厚的薪水。

哈維說：「在二〇〇〇年之前，我從未走進任何動物收容所。」那一年，她決定在住家附近當志工，而第一個任務就是訓練狗狗小修。「牠在一個大垃圾桶附近被找到，而且病得非常嚴重。但牠有求生的熱情及火花，以及驚人的勇氣。牠是隻毛茸茸的大棕毛狗。小修沒有太多的天賦，但可靠又忠誠。只要與牠混熟了，牠就不會忘記你。」[2]

領養了小修之後，她便花更多時間在收容所，幫忙照顧其他的流浪貓狗。後來醫院有新的主管職位出缺，哈維很感興趣，所以必須做個決定。一方面，她在醫學中心的生涯漫長又充實；但另一方面，她又想多陪陪小修。

「感謝牠給我勇氣，讓我能做出如此轟轟烈烈的決定。我不是個冒險家，也不喜歡改變現狀。而且轉換跑道的話，我的薪水跟福利都會大幅縮減。」

但是，養過狗的人都懂，這種愛超越邏輯和理性。看著這些等待救援的毛小孩，你可以感受到牠們的徬徨和良善。你想必知道哈維的選擇了。「我心想，一邊是有保障又合理的選擇；另一邊則是我人生的熱情。」於是，她放棄了安全的選項。

管理收容所好幾年之後，她在克里夫蘭動物保護聯盟擔任高階主管，帶領著七十名員工，並負責支配六百五十萬美元的年度預算。

離開醫學中心不是她首次重大的放棄之舉，但這次比較成功。她於一九八一年考上海岸防衛學院，還是第二屆的女性學員，但她沒有預料到自己會碰上性別歧視和騷擾等問題，於是就自願申請退學了。她說：「家人感到很錯愕。我一生中從未令他們失望過，但我讀了兩年就離校了。有時我會想，當初是不是該接受現實並堅持下去。」

然而，從照顧雙足動物轉向拯救四足動物，她從未懷疑過這個決定，也沒有一絲後悔。

她感謝小修給她冒險的勇氣。除了這隻小狗的魅力，還有另一個令哈維成功的因素：幸運。美國小說家湯瑪斯・伍爾夫（Thomas Wolfe）說：「機會就像黑暗奇蹟一樣，讓你在塵世中施展魔法。」[3]

哈維知道，她和小修不一定會有機會相遇。「其中肯定有運氣的成分。我不是世界上最勇敢的人。我只是在對的時機出現在恰好的地點，一切都是自然發生的。倘若這個機會沒有擊中我腦袋，我不確定光憑自己能否策劃未來。」

如果小修從未出現在她的生活中？她的人生又會變得如何？

沒有人會知道，無論是自己或他人的道路，都要走過才明白。我們在深夜無法入眠時，常會想著：「如果當初這樣那樣，現在會變得如何呢？」事實上，會問自己這些問題，更加顯示了我們多麼不願放棄（也更加證明我們應該學著放手）。

人生無常

這不是什麼新發現的真理，但我還是要再說一遍：「人生充滿了荒謬而隨機的事件，而命運總是神祕莫測、令人猜不透。」

有時候，值得尊敬及品德高尚的人會失敗，而卑劣的混帳東西卻能登上巔峰。總之，人生是不公平的。

等等，既然每個人都知道這個道理，那為什麼我還要反覆說明，而不是多聊一些大棕毛狗的趣味經歷。

「命運不可測」，這個真理雖然平凡無奇，但每個人都打從心裡不想面對，所以也更不願意放棄。我們喜歡假裝自己有能力掌握人生，而每個經歷都是自己選擇而來的。正如斯邁爾斯所宣稱的，你的命運取決於你為了目標所投入的努力與做出的犧牲；只要不放棄，就一定會成功。

這是個甜美的想法，也是一派胡言。

無可避免地，人生會受到意外事件的擺布；命運根本不在乎我們的夢想或福祉。無論你有多努力工作、有多累或承受了多少事情，都不一定會有所收穫；還不如放鬆一下，在腳趾甲上塗上桃紅色的指甲油。同樣地，善良和體貼不一定有好報；自私、討人厭的傢伙有時也過得不錯。

反正事情就是發生了。

這種隨機性有好有壞，看看動物收容所的貓狗就知道了；對於不用流落街頭、固定有食物吃，牠們眼中都流露出感激之情。有時機會能帶來奇妙的結果，但有時不會。

那天，幸好有人在大垃圾桶旁邊發現了瑟瑟發抖、飢餓的小修；假如他走另一條小巷，小修就沒有獲救的機會了。

人生就像擲骰子一樣，我們都知道這是一場賭注。但那些勵志書所傳達的訊息正好相反，其作者向大家保證，每個人都能掌握自己的人生、變得更好。

但這些信心喊話有其存在的理由與價值，畢竟了解真相不能為你帶來激勵的效果。

我們生活在深不可測的浩瀚宇宙中，個人的存在並不重要；而世界一片混亂，人生的痛苦無可避免。因此，每天早上冥想、重複唸正能量口號、實行羽衣甘藍飲食法或執行嚴格的健身計畫……都不能讓你遠離壞事。當然，養生專家或勵志作家不會把這些殘酷的事實放入他們的格言或口號中。

因此，我們要感謝這些不切實際的心靈導師；畢竟沒有人想當無助的受害者，所以寧願相信自己能主掌一切。無常的生命本質令人不安，大家都想逃避。

如果遇到不好的事情，最好都歸咎於自己，或能怪到他人身上就更好了。這麼一來，我們就可以毫無懸念地下定論說，是自己做了錯誤的選擇，而不是承認，無論自己怎麼選，都不能百分百地確定結果。我們只能盡力把事情做好（雖然有時也不必要）。

反正不管在哪裡，無時無刻都會有意外出現。

許多事不是你造成的，你也無法改變，比如離婚、火山爆發。你不希望偏離正軌、出現意外，但終究還是發生了。你做過的事有好有壞，其後果也始料未及，而你的人生軌跡也就此改變了。

我們都知道這些真理，但不願承認，於是發明了相反的說法來逃避它。於是我們相信自己是船長或女王，手握命運的船舵或權杖，有權利去選擇人生。

心理學家康納曼在《快思慢想》一書中談到人類認知的不一致性。他指出：「大腦有其難解的局限。每個人都有些過度的自信，以為熟知一些事物。但人類無法了解自己有多無知，也無法確切了解自己所生活世界的有多不穩定。我們總是高估自己的理解力，並低估了世事的偶然性。回顧過往時，由於後見之明，就會產生虛幻的確定感，並因此變得過度自信。」[4]

我們不得不承認，其實每個人都在維持性自主性的神話，直到碰上非己所願、無法改變的人生意外：包括罹患罕見疾病、親人突然去世、伴侶劈腿或是工作沒有獲得升遷。偉大的宇宙在擲硬幣後，結果不是正面就是反面。所以我們才有機會慶祝新生兒降臨、錄取新工作、展開新戀情或在快遲到時搭上公車。好或壞、成功或失敗，兩種情況都有可能發生，所以生活才令人既興奮又恐懼。

因此，我們必須找到一種方法來擺脫人生的曲折與隨機性，以及面對無常，以免總是感到氣餒、失望和痛苦。我們必須學會運用僅剩的一絲而脆弱的主導權，在這迅速瓦解的世界中保持平衡。

一直以來，大家都叫我們要咬緊牙關，不管手邊有什麼都要緊抓不放，想要獲得成功和快樂，就要像挑戰鬥牛機一樣永不落地。但我想提出一個不同的建議：學著放棄。

放棄後才能重生

二〇〇九年九月七日，海豹部隊的克諾森（Dan Cnossen）在阿富汗巡邏時踩到地雷。經藥物誘導昏迷（Medically Induced Coma）治療了八天後，他在華特里德國家軍事醫學中心醒來，接著就得知自己的傷勢：雙腿膝蓋以上截肢、骨盆骨折、嚴重內傷。後來他經歷了二十四次的手術。克諾森於二〇二二年接受《華盛頓郵報》採訪時表示，他能度過這場磨難，是運用他在海豹部隊受訓時學會的一項技能：放棄。

他必須放下崇高、抽象又絕對的目標，因為它們模糊又遙不可及，只會令人更加沮喪。他不得不捨棄他為自己設想的人生道路，並開闢另一條路。

「設定長期目標當然是好事，但你真正需要的是專注於短期目標。對我來說，好好度過每一天是最重要的。」[5]克諾森說道。他運用了類似的方法來克服自己人生的「地獄週」（海豹部隊最嚴峻的訓練階段）。他意識到：「最好的策略就是先完成手上的具體任務，而不是執著於整體的目標。」他沒有覆誦偉大的口號，也沒有記下高昂的、激勵人心的名言；他不回頭看過去，只專注於眼前的任務。他保持沉靜，並設法緩步地求取進步。他放棄大事、擁抱小事，最終積沙成塔，重新建立他的生活。

在二〇一八年的帕運會中，克諾森於坐式滑雪的兩項比賽中獲得金牌。服役時，他沒有預料到自己有天會踩到地雷、因而失去雙腿。但既然遭遇了如此劫難，他也只好轉向另一種生活方式，好好度過每一天、每一個小時。

他無法選擇自己的命運，但他選擇了面對它的態度：勇氣和優雅。

面對身體和情感的嚴峻考驗和劫難時，我們也必須辨別，有些事情自己無能為力，但有些事情還有機會改變；如果是後者的話，就勇敢去嘗試各種可能，包括放棄。

「這幾年我學到了教訓：自己無法控制要遇到什麼事情，只能改變生活態度，盡可能地學習和成長。」6

說這話的人是米雪兒．威爾登（Michele Weldon），她的個性熱情又充滿活力，已出版了六本書（剛剛完成了第七本），還有多到難以清點的文章。她在西北大學任教近二十年，幫助許多學員尋找自己聲音。

在歷經一次痛苦的經歷後，她找到自己的聲音。那不是她想要的人生（也不是任何人想要的），但它就是發生了，她不得不面對。她努力去告訴自己，那不是她的錯，而且她還有能力改變情況。她自覺有責任將這個重要又常被忽視的事實告訴他人：放棄是一種可行的選擇。

「我嫁給一位有魅力的律師，每個人都認為他很了不起，但他在肢體和情感上都有虐待傾向。」她接著說：「我們去做了婚姻諮商。我想解決問題，但終究發現那是不可能的。」

儘管如此，她仍然堅持不放棄，主要是為了三個年幼的兒子。離婚、單親扶養孩子是萬不得已的做法，因為她不想踏入陌生的領域。

「我以前從未放棄過任何事物。我總是覺得自己有能力改善情況，或至少能忍受痛苦。我看過新聞報導，知道單親家庭在經濟和情感上都很不利。於是我決定，必須採取一切可能的補救方法。」

即使全力克服懷疑和自責，她和丈夫之間的緊張關係也沒有趨緩。她在一九八六年結束這段維持了九年的婚姻。她回憶道，當時她也不敢相信自己有勇氣做這個決定。

朋友們都支持她，但有時內在的疑惑會壓過外在的加油聲：「他們都說我很勇敢，但我只是覺得自己很愚蠢。」

威爾登決定將她的不確定和恐懼化為文字，希望能用寫作來療癒自己，其中一篇文章還獲得文學獎，並收錄在她的第一本著作《我閉上眼睛》（*I Closed My Eyes*）。「這是我第一次對自己說實話。而且我大聲說出來了。」

舉白旗時刻

像我這樣的女人，要照顧孩子和年邁的父母，家庭和事業都要兼顧。有時我們想少做一件事；有時厭倦了跟家人待在一起，所有事情都要負責。我們甚至不想說話，也不想聽家人說話。我們只想安靜地消失一會兒，暫時放下家庭企業執行長的工作。

——米雪兒．威爾登

她以前無法想像自己有放棄的能力，而今，她會用這個方法來面對問題。她親愛的哥哥保羅在二〇二一年因癌症去世，這場家庭悲劇讓她再次感受到放棄的創造力以及正面意義。她無法救回哥哥，但可以用他的生命來提醒自己：放下無法控制的事，善用自己所能掌握的人生。她的時間和情感都要用在對的地方。

「哥哥去世後，我開始更加謹慎地處理友誼及人際關係。我放棄了令人厭倦和不開心的關係，享受自由選擇的權力。所以我常問自己：『我真的想花時間做那件事嗎？』」

「不想成為拋家棄子的人」

和威爾登一樣，艾美・狄金森（Amy Dickinson）也必須學會如何放棄，雖然這個課題不是她主動願意去學習的。如果可以的話，她願意付出所有一切，也不想去經歷那些事。狄金森告訴我，當她發現放棄的用途後，便意識到這是一種積極、正面而療癒的力量。

她是美國公共廣播電台（NPR）節目「等等……我知道答案！」（Wait Wait...Don't Tell Me!）的常客，其機智的反應頗受聽眾歡迎。在全國性的專欄中，她也以深思熟慮、風趣而直截了當的態度擄獲人心。她有兩本暢銷的回憶錄：《自由村的偉大女王》（*The Mighty Queens of Freeville*）和《陌生人常對我說心事》（*Strangers Tend to Tell Me Things*）。

大家都覺得狄金森才華洋溢、沉著冷靜、充滿自信又樂觀，但她說自己以前並不是這樣的。

「我父親不告而別，留下四個孩子、一個要被法拍的農場以及一堆荷蘭乳牛（每天需要擠兩次奶）。他真是落跑大王！我的第一任丈夫也是突然一走了之。我就這樣被拋棄了好幾次，所以更想努力解決這個問題。」[7]

因此她成為與父親和前夫相反的人，她堅信「放棄就是失敗」，所以她變得執著、盡責又可靠，從不放棄任何人或事。但到了二〇二〇年，她辭去了非營利組織「美國革命女兒會」的工作。這是她人生的轉捩點，「人生中第一次嘗試放棄。我感到自由又舒暢」。

狄金森認為，抉擇的關鍵在於：放下他人的期望，忠於自己的心聲和道德指引。「我認為大家放棄的次數還不夠多，我自己也還在努力，」她表示：「大家都覺得美國人好吃懶做、沒有紀律。但我認為，從文化基因來看，美國人都恥於放下責任或義務。事實上，刻意放棄不喜歡的事，才能騰出空間去做其他事情，躺在沙發耍廢也好。展現自由意志，去享受你應有的時光吧！」

克莉斯汀・布羅凱（Christine Broquet）也從未預料到人生會有這些轉折。

她結婚二十三年了，不過和丈夫伯尼漸行漸遠。因為工作的緣故，伯尼大多待在海外，但夫妻對彼此都很友善和尊重。而他們的孩子，十六歲的柔伊和十一歲的蕾米也都健康又活潑。

不過，在某次婚姻諮商中，伯尼說他打算轉換性別，她才發現到兩人實際上有多麼不合適。

「但我拒絕承認婚姻出了問題，」布羅凱回憶道：「我認為一定有解決的辦法，所以不願意放棄。」[8]

但她的決心並不重要，畢竟是丈夫想要離婚。事情超出她的控制範圍，她只好把重心集中在孩子身上，以確保她們在家庭風波中能一切安好。

布羅凱做到了，兩個孩子現在都有自己的家庭和事業，而她自己也要成為祖母了。但二〇〇二年那一天的記憶仍在她腦海中縈繞不去；伯尼丟出一枚情感上的炸彈。她花了一段時間才明白，結束婚姻是正確的決定，儘管那不是她的第一選擇。她本來要為家庭而奮戰到底，但是漸漸地，她明白放棄才是自己需要做的。她已經盡力了，這不是她的錯，但她還是感到很受傷。

「在婚姻以這種奇怪的方式破裂前，」她說：「兩人從來沒有相處不融洽。」

舉白旗時刻

通常我不會放棄，我喜歡撐下去、也總能忍受痛苦。有天我上班到一半，發現自己其實很厭倦做設計工作。我想要改做行銷。老闆叫我進去，說那個位子沒我的份……那是大雪紛飛的一月天。她的窗外有一堆巨大的髒雪，看起來像一頭野獸，我心想：「真希望那頭獸能從那扇窗戶進來，咬掉這個女人的頭。」那種感覺來了，我知道自在這裡待不久了。

——克莉斯汀・布羅凱

布羅凱從事平面設計工作多年。她正在寫回憶錄談自己失敗的婚姻，書名暫定為「另一個女人」。她透過書寫來了解自己。她花了很長時間才意識到，離婚的陰影不時在打擊她，使她在生活各方面也感到很無力。

「婚姻帶來的創傷很深，所以我不想再做任何重要的人生選擇，」她坦白說：「許多跟放棄有關的決定，我連嘗試都沒有勇氣。我很少放下任何事情，因為我總是緊抓著不放。」

她下定決心要改變這一點。她讓自己更忙，這樣就有更多機會可以學著放棄。

人生的火山爆發

霍華德．伯克斯（Howard Berkes）為了實現夢想，也不得不採取放棄的策略。是的，他努力工作也勇於冒險，但也因遇到天災人禍（像是火山爆發）而體會到健康的珍貴；這些意外能改變每個人的人生。

伯克斯在全國公共廣播電台服務長達四十年，而且屢屢獲獎。對於能躲過那場自然災害，他心存感激，畢竟我們不是上帝。但在火山爆發時，他有充分利用自己能掌控的一切。

在八〇年代早期，伯克斯長年在奧勒岡州或明尼蘇達州的森林活動。他靜不下來又充滿好奇心，喜歡探索大自然，也會帶領學員來趟獨木舟之旅。他曾擔任過書店採購、社區組織的企劃、手語翻譯員等工作。他總是在找到適合的管道，並將自己的精力投入在社會正義的議題。他曾在社區大學選修溝通課程，但這並不是他的首要興趣。伯克斯說，他最喜歡從事田野調查，並為NPR撰寫奧勒岡州的地方新聞。

一九八〇年初春，西雅圖南部的聖海倫火山動了起來。「它開始打嗝、轟隆作響並噴出火山灰，」他回憶道：「我交出NPR所需要的故事和報導後，就成新聞網最搶手的撰稿人。」[9]於是NPR的編輯要他留在山上。

「但首先，我必須處理缺課的問題。我跟幾位老師解釋了工作情況，並提出補救方法：用論文和報導來取代上課成績。但老師們說不可以，只要缺席三堂課就會被當掉。」於是，他申請退學了。

「然後，我就爬上了那座山，並靠著我的口才成為現場的記者團隊成員。採訪的過程驚心動魄，後來NPR的現場節目『萬事皆曉』（All Things Considered）還邀請我去親身說明。」

五月十八日火山大爆發時：「NPR的編輯讓我擔任聯播網的記者。我那幾個月都在做現場轉播。」

到了年底，他受聘成為正式的NPR全國記者，儘管NPR的地方主管曾告訴他，他們不會接受沒有大學學位的人。

對於伯克斯來說，這是一次完美的演出，他從一開始就被「廣播新聞帶來的腎上腺素和創造性挑戰」所吸引。

火山改變了伯克斯的職業生涯，雖然他不能決定它何時要爆發。同樣地，威爾登也不想成為單親媽媽；克諾森不想踩到地雷；狄金森也不想遇到遊手好閒的父親和風流的丈夫；布羅凱也從不知道前夫想變性。但他們事先都料想不到，這些挑戰會迎面而來。

人生有很大一部分是我們無法控制的。我們無法決定自己生於何處、生於何人以及何時會遇到哪些事件。美國文學教授羅森堡（Justus Rosenberg）在二戰期間冒著生命危險加入法國的反納粹組織，他曾對一位採訪者說：「世上沒有天才。用自己現有的資源創造事物，再加上天時地利的因素，成果就出現了。」[10]

二〇二一年去世的美國參議員鮑勃．杜爾（Bob Dole）曾在二戰中因執行任務而受重傷。在政治生涯中，他差一點實現入主白宮的終極目標。他的命運不時受運氣左右。杜爾去世後，政治評論家喬治．威爾（George F. Will）指出：「如果一九四五年四月十四日，他在義大利的那個山坡上多移動幾公尺，或是二戰提早一個月結束，他就能避開讓他餘生痛苦不已的重傷。一九七六年，如果共和黨在俄亥俄州和密西西比州多贏幾千張選票，杜爾就會成為副總統。」[11]

一般來說，只要遇到令人困擾的意外和偶發事件，我們會盡最大努力堅持下去。不過，如果局勢未明又動蕩不安，宛如湍急的漩渦，我們就無能為力了。這時，我們必須提醒自己，放棄是可行的選項；若看到其他人半途而廢時，也不要擅加評斷。

這兩個舉動聽起來很簡單，卻可能改變世界。

放自己一馬

人生會有碰上好運的時刻，也會壞運連連。每個人都一樣。在混亂和不確定中，你至少可以做出一個簡單而關鍵的行動：放棄。適時改變方向，就能應對突發狀況，並重新獲得力量。

第六章

創造更好的世界

正向思考的另一面是將個人責任無限上綱：如果你事業失敗或工作沒了，那一定是因為你不夠努力。[1]

——芭芭拉．艾倫瑞克

二〇二二年一月九日，紐約布朗克斯區的一棟高樓層公寓發生火災，造成十九人死亡，當中還有年僅四歲的孩童。消防單位調查發現，火災的原因始於電暖器走火，樓梯間門又沒關上，所以火勢才會蔓延。紐約市新任市長艾瑞克．亞當斯（Eric Adams）說：「我們只能得到一個簡單的教訓：請隨手關門。」

這番話激怒了記者羅斯．巴坎（Ross Barkan）。在〈為什麼紐約市長將百年來最致命的火災歸咎於住戶？〉一文中，巴坎寫道：「亞當斯把這場事故歸咎到個人身上，這樣反而讓罪魁禍首逃過了懲罰。為什麼住戶需要使用小型電暖器？為什麼樓梯間的門會關不起來？」[2]

因此，這場悲劇所引起的討論風向大家都很熟悉：讓那些社會低層的人們知道，他們會過得這麼慘，都是自己造成的。如果他們努力工作，並記得關上門，就不會變成又窮又苦的火災受害者；要是他們懂得堅持就好了。

「住戶要為自己的命運負責」，巴坎對這種論調感到很憤怒，他又說道：「愈來愈多的孩童及成人擔憂自己要為公寓倒塌負責任。而炒地皮的投資客則繼續炒短線獲利。」

雖然市政官員沒有直接引述斯邁爾斯的話，但他們反映出《自助》一書要傳達的觀念：如果你是社會邊緣人、凡事都比別人差、也老是遇到壞事，卻又不知道原因，那就去照照鏡子吧。

我們對貧富差距視而不見，卻大力頌揚毅力的價值；這兩種矛盾的態度是有關連的。

除了自我成長之外，人生還有更重要的任務

火災、法拍屋、貧困、疫情……這個世界有大量複雜的問題。崇拜毅力、叫大家撐下去，是最簡單的解決方案。但這是虛假的允諾，最終讓我們失去同情心，不再關心需

要幫助的人。

「自我提升的書籍一點用也沒有，其背後的觀念都是幻覺。」社會學家麥克吉（Micki McGee）說：「因為你不是獨立的自我，而是社會體系的一分子。走運的時候，個體的自主性是大功臣；運氣不好的時候，它就是罪魁禍首。」[3]

麥克吉於二〇〇五年出版《自助股份有限公司：美式生活的改造文化》（*Self-Help, Inc.: Makeover Culture in American Life*），對於自我成長課程（尤其是與女性相關的）提出了尖銳而有力的批判。這本書出版已過了十七年，不知道她是否變得更圓融了。

幸好，她一點都沒變。她一如既往地質疑毅力的重要性，而且現在還多了兩個新的角度。除了女性主義之外，她還在福坦莫大學研究身心障礙議題。而新冠疫情也影響了所有人的生活態度。

「自我提升文化是種隱形的歧視，」她告訴我：「這群人否認身體的脆弱性，還要求大家得克服那些弱點。他們總在強調無限、無堅不摧這些理念。」但新冠疫情提醒了大家，沒人有能免受疾病的影響。關於這一點，自己或家人罹患重病的民眾就更清楚了。

「每個人都會倒下，」麥克吉表示：「甚至在床上躺一年。有些孩子會有發展障礙。自我成長的書籍有其限制，只能應用在身心健康的人身上。但我們要學會照顧虛弱的身體和脆弱的心靈。」

勵志作家宣稱：「他們都取得了巨大的成功，當然你也可以。」但那些億萬富翁的故事，只會讓人更加沮喪。「勵志書所推崇的，都是那些所向無敵的人物與虛幻的神話，比如貝佐斯白手起家創建了亞馬遜公司。這對於每個月領最低薪資、還要繳房租的人來說，是多麼不切實際。」

比爾．蓋茲、祖克柏和馬斯克的故事主軸也都大同小異：堅定不懈、忍受挫折、繼續前行。而一般人那麼容易掙扎和動搖，都是因為缺乏熱情，無法跨越挫折感並全力以赴。因此，就算你是窮人、黑人、女性、身心障礙者、移民第二代，只要有心，各種挑戰都能克服。這就是常見的勵志書論調。

許多人都深信，太容易放棄就會失敗，所以壞事都是自己造成的。麥克吉在書中寫道：「班傑明．富蘭克林、安德魯．卡內基和比爾．蓋茲等人的成功故事，都是用來哄騙勞工的。」[4]

二〇二一年，這個國家最富有的人變得更加富有。「過去一年是歷史上成為美國億萬富翁的最佳時期。」美國記者薩斯洛（Eli Saslow）在《華盛頓郵報》上寫道：「自新冠疫情爆發以來，他們所累積的財富估計成長了百分之七十……這七百四十五位億萬富翁現在的身家價值超過百分之六十美國底層家庭的總和。」[5]這不是一種健康的社會狀態，但我們都忍下來了。我們厭惡放棄的態度，並容忍貧富差距不斷擴大。我們對社會不平等袖手旁觀，還認為這是合理的；反正那些住在破爛小房子裡的人一定都是懶惰又沒毅力，因為成功取決於個人的堅持和信念。

麥克吉說，我們應該致力於創造更公平的世界，讓富人和窮人都能過得好：「自我成長不是重點，而是改造世界和許多人的處境。理想的話，人們就不用再『修復』或改善自我，而是能一同關心未來，打造更好的環境。」

人生是一首合奏曲

菲利普．馬汀（Phillip Martin）不太喜歡「堅持不懈」這個詞，儘管很多人都說他的人生充分體現了這項特質。「這與『憑一己之力成功』的說法差不多。」他說，他情願把自己的成就歸功於其他因素，包括強大的支援網絡以及策略性的放棄。[6]

「我一生做了好幾次重大的放棄決定。」他於一九七三年從大學輟學，離開家鄉底特律，前去波士頓投入跟種族議題相關的社會運動。「這是我一生中最睿智的決定，我未曾想過自己的未來會因此有巨大的轉變。」

舉白旗時刻

那是一九七五年春四月。我坐在韋恩州立大學的教室裡。有個朋友遞給我一張傳單，懇求學生去參加在波士頓的「反種族歧視抗爭」……那年六月，我開著一輛米黃色的福特平托房車從底特律開往波士頓，途中車子還拋錨了兩次。我搬進多徹斯特社區的房子，與四個室友同住。那段期間有空的話，我都在羅斯伯里區免費教年輕人寫作和黑人歷史。

——菲利普・馬汀

馬汀現在是波士頓全國公共廣播電台（WGBH）的資深調查記者。他不認為單靠自己的努力就有現在的成就，所以不喜歡「堅持不懈」這樣的用語。「人生總有起起伏伏，但都是暫時的，而且我得到許多幫助，所以能重新站起來。」妻子、母親、WGBH的編輯、學校老師等，他們都相信，這個出身貧困的年輕黑人日後會成為出色的記者。

馬汀說，他的成就不能只歸功於毅力。在他追逐夢想的過程中，許多人都扮演了重要的角色。「我搬到波士頓後，每天都想著，我要揭露當地所有的弊端、犯罪和種族議題，而我現在仍在努力。」

他一定能做到，這不僅是因為他非常努力工作、聰明又有才華，還因為他得到了大家的幫助。像是離開家鄉這樣的重大決定，他都可以仰賴親友的愛和支持。馬汀說，他永遠不會忘記，自己的人生是一首合奏曲，不是獨奏曲。

徬徨少年時

喬．羅德里奎茲（Joe Rodriguez）回憶道，以前他從不考慮未來的事情。他生於洛杉磯，父母是墨西哥裔美國人，一家人都不大會說英語。母親和父親都沒有高中畢業，他也不知道自己的人生想做什麼。那種漫無目的的感覺很沉重，讓他覺得自己很沒有用。

「太丟臉了，」他告訴我：「我沒有生涯計畫、目標和穩定的收入。」[7]

羅德里奎茲說，他覺得世人都在責備他沒有勃勃雄心的願望清單和具體步驟。他為自己的血緣感到自豪，他擔心自己做太多錯事的話，會對家人和朋友帶來負面影響。這個大家庭從墨西哥北部來到美國，家人都知道他聰穎又有創造力，所以對他寄予厚望。但他總是無法站穩腳跟、有所發展。

「我花了五年時間在念社區大學，但不知道換了多少次主修了。我優柔寡斷又缺乏信心，」他咯咯地笑：「我留了長髮，和朋友們騎著摩托車在加州海岸來回穿梭。」接著他又一臉嚴肅地說：「年輕的我困惑、沒有目標又不知道自己想做什麼。」放棄是他唯一堅持下去的事。

有一天，他坐在圖書館裡，突然有個念頭：「我想成為作家，其他人若對此有意見都管他去吧。反正失敗或成功的機會都差不多。』」

這場賭注獲得了回報。羅德里奎茲最終於二〇一六年退休，在此之前他從事新聞工作近三十年，曾在《哈特福德新聞報》和《聖荷西信使新聞報》擔任專欄作家。他現在住在加州聖貝納迪諾山脈附近的一個小社區。

撰寫專欄是他夢想中的工作。「我喜歡聚焦在一般人的生平。只要不是名人、政客或商業大亨就好。」那些人就像當年的他一樣，留著長髮、焦慮不安地騎著摩托車沿著公路漫遊，內心有點徬徨、甚至有點迷失。但他們非常確定，總有一天會發現自己注定要成為怎樣的人。

「在投身於適合的工作前，我把所有想做的事情都評估一輪。這是我的習性。不過，有些人宣稱從母親子宮出來時就知道自己想做什麼，而社會對他們的評價也比較高。」

大家都說，成功者皆是因為堅持不懈才有一番成績。但他認為，世人花了太多時間讚揚那些幸運的人，才會誤以為命運操之在自己的手上。

更不要說運氣是雙向的。

勇於面對社會的不公不義

喬治亞州立大學的社會學教授溫蒂．西蒙斯（Wendy Simonds）說：「勵志書的作者要我們為自己的人生負責。他們宣稱，只要遵守成功法則，就能掌握自己的人生。」西蒙斯在一九九二年出版《女性與自我成長文化：潛藏於背後的觀念》（*Women and Self-Help Culture: Reading between the Lines*）。她的研究焦點已轉移到醫療保健體系，但仍十分留意跟自我成長有關的產業。自她的書出版以來，這個產業的影響力持續擴大。勵志書高居排行榜，每個人都會接觸到那些觀念，並相信堅持和毅力是幸福的關鍵。8

舉白旗時刻

我原本想要成為藝術家。我一直很喜歡創作。但有一天突然意識到，以這種方式謀生是不可能的。但我從一九八五年就在教書了，現在我考慮要辭職。——溫蒂・西蒙斯

西蒙斯告訴我：「勵志書讓人們覺得，他們可以成為自己人生的專家。有次我去採訪一位女士，她有一堆書要秀給我看，全都跟自我成長有關。她對於自己這麼有上進心感到很自豪。」

但西蒙斯指出，即使你透過書本或播客節目獲得一定程度的成長，社會各方面的問題也還是存在，像種族歧視、糧食供需失衡和醫療資源不平均。「總的來說，那些人生專家不會處理真正應該解決的問題，特別是社會議題。」

我們都不想處理經濟、社會不平等等複雜的議題，所以它們才不斷惡化。看勵志書就簡單多了，反正你全力以赴，生活就會變好了。

這些自我成長專家說，人們要對自己的人生負責，不管環境有多折磨，都不是問題；還說放棄是失敗者的舉動。這種論調讓世界更加不公。反正我們也不了解那些窮人的生活，只要指責他們混亂又複雜就可以了。

珍妮佛·黑格（Jennifer Haigh）在二〇二二年發表小說《慈悲街》（*Mercy Street*），其內容反映出社會對於那些邊緣人的看法：「毒癮、酒癮、憂鬱症、焦慮症、意外懷孕和性病。這些病症都有共同的病因：品德敗壞。一般民眾都認為，這些人三天兩頭就去連鎖藥房拿藥，無論他們生了什麼病，都是一定是他們自己的錯。」[9]

不過，社會不平等是怎麼造成的？你可以想像，有錢人聚集在傑克遜霍爾舉行美國央行年會，或是在瑞士達佛斯舉辦經濟論壇，密謀策劃要控制群眾，順便把可惡的窮人趕走。就像《辛普森家庭》中那個削瘦、奸笑的伯恩斯先生想對付小老百姓；他在眾多億萬富翁面前舉起斯邁爾斯的《自助》，發出邪惡的嘎嘎笑聲，好像找到至寶一樣。

嗯……事情當然不是這麼簡單，文化不是如此形成的，而是緩慢累積建立起來的，包括歌曲、故事、學術成果、神話、八卦、廣告標語。這不是明顯的過程，而是潛移默化地滲透到社會中，更不是透過法律或政策來實現的。你無法確切指出它何時成為大眾的思維；某天你一轉身，它就在那裡了。文化評論家梅南（Louis Menand）在《自由世界：冷戰中的藝術和思想》（*The Free World: Art and Thought in the Cold War*）裡頭寫道：「文化的轉變並不是某人或某單位有意為之的，而是透過社會、政治、科技等不可測的因素隨機交流而產生的。」[10]

我們所生活的世界充滿了斯邁爾斯所灌輸的理念，大家都相信，努力總有成果；換句話說，如果你沒有獲得回報，就是你自己造成的。人類學家肯齊爾（Sarah Kendzior）著書討論過美國的階級與社會正義議題，書名為《飛越國度的風景：被遺忘的當前美國現象》（*Flyover Country: Dispatches from the Forgotten America*）。她提到：「美國人把財富被視為成就，而不幸是品格敗壞所造成的。」[11]貪睡、懶得上健身房、對自己沒信心、老是半途而廢……都會影響到你的機會和成就，所以不要再抱怨是社會害你失敗了。

大家讚揚毅力、強調自我轉變的可能性，這沒什麼問題，而且每天都有人成功了。但問題在於，有人會因此以為命運全掌握在自己手中，社會和政治因素不重要。倘若大環境的問題與命運無關，那為什麼我們還要費力修改稅制、擔心居住正義問題呢？

搞直銷的人都會利用大眾的心理弱點，順利地將個人的成功和失敗全歸為努力的結果。這些陰謀會奏效，是因為我們缺乏信心又脆弱。我們都渴望得到認可（正如渴望多賺點外快），於是寧願讓自己相信，失敗的唯一原因就是不夠努力。未達到銷售目標，絕不會是直銷的產品或銷售技巧有問題，而是我們太輕易放棄了。

但放棄並不是問題，而是解決方案，把事情做得更好一定有別種方法。

放自己一馬

多多關心世界上的問題，包括戰爭、貧窮和無家可歸的遊民。質疑我們多年來一直被灌輸的訊息；不要再以為弱勢族群只要加把勁，就會過得更好。既得利益者常用殺力的神話來妖魔化需要幫助的人。是時候停止指責了，讓我們共同面對這一切。

PART

3

斷捨離，再出發

退一步，才能跳得更高。

——英國外交官卡爾頓（Dudley Carleton）

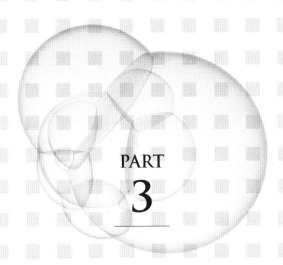

第七章

微放棄：停下腳步、微調方向再前進

先撤退，以便下次再進攻。

——影集《金融戰爭》主角查克・羅茲的台詞

老虎・伍茲是個放棄者。

許多高爾夫球迷一定想用九號桿重擊我，請容我稍後解釋一下。這個男人贏得十五座四大賽冠軍，他定義了何謂卓越的高爾夫球選手。他的座右銘是「永不放棄」，這位完美的贏家，長年與身體和情緒上的苦痛奮戰。他在二〇一一年的大師賽中，更具有偉大冠軍的風範。

不過，他沒有贏得勝利，這場比賽他的排名是第四十七名。

然而，許多研究伍茲的球評指出，雖然他沒有拿到第一，卻感到心滿意足。稍早在二〇二一年二月，他發生嚴重的車禍，所以能完成這場比賽，已是非常重大的成就。記者問道：「光是人在現場、像以前一樣出賽，你就感覺到贏得勝利了嗎？」1

伍茲回答：「是的。」

他沒有放棄比賽，但確實放掉了過去困擾他的完美主義。他不再以狹隘的方式評估自己的表現，也不再把不完美的比賽當成慘敗。

伍茲跟其他懂得放棄的名人一樣，他不用改變自己的生活和工作，只是快速而明確地放下了從前的種種。他沒有突然放棄自己的職業生涯，畢竟這項運動為他帶來財富和名譽；他的出色表現也鼓舞了許多球迷。眾所周知，這麼多年來，他對於自己的表現標準很高，對勝利的渴望也很強烈。

但，他還是學會放棄了。他放棄了惡性的競爭態度，不再把獲得第一當作唯一標準。現在他懂得考慮到當下自己和外在環境的狀態。

伍茲謹慎地放棄自己的執念，這是有創意且有建設性的生活策略，或可稱之為「微放棄」。他將長久以來飽受詬病的放棄轉變為生活方式，用它帶來快樂和滿足，而不是沮喪和羞恥。

在二〇二二年秋季，廣大的上班族出現了「安靜離職」的現象，也就是「完成工作的最低標準，不要被解僱就好」。[2]但這不是我所謂的微放棄，而只是懈怠和逃避。放棄是主動而有所作為，而非被動消極；是抱持敏捷和果斷的態度，並非漠不關心。

伍茲實際評估自己的情況，並設法去適應。他在腦海中不斷揣摩各種情景，就像在擊球前多方觀察、測量風向、選擇球桿、控制力道。擁有新的觀點後，他就是最大的贏家。

把力氣用在對的地方

布萊妮・哈里斯（Bryony Harris）在六十五歲時改變了自己的人生，她也做出了微放棄的決定。十年前，在英國從事多種職業之後（包括建築師和攝影師），她搬到挪威，並成為心理治療師。雖然表面上看起來很戲劇化，但她一直以來都是如此休息、再出發，並完成不同的階段性任務。「我從來沒有武斷地做出改變的決定，」她告訴記者：「而是和緩地尋求突破。」[3]

伍茲和哈里斯都知道：放棄不僅是開關鍵，還可以調整強弱。

克羅茲（Leidy Klotz）也理解微放棄的妙用。他是維吉尼亞大學工程、建築和商業系教授，還著有《減法的力量》（*Subtract: The Untapped Science of Less*）一書。

「你必須對抗二分法，」他告訴我：「在放棄的同時，你還是能堅持某些事。」[4] 他繼續說道：「放棄和不放棄並非是對立的，它們都能讓事情變得更好。也就是所謂的有捨必有得，把力氣用在對的地方。」

克羅茲說，我們總認為做決定就是全有或全無，所以才會認為放棄就是失敗。這麼一來，就是把自己鎖定在某個端點，而不是根據情況的高低起伏而逐漸改變。因此，我們才會以為，放棄就是輸了，而自己在某個時刻失去一切。

當然，放棄也有浮誇的一面，正如有人些在做抉擇時會孤注一擲或感情用事。但放棄不一定是衝動的行為；它可以是深思熟慮後的謹慎決定。你可以低調而細微地改變當前的情況。在你緩慢地領悟到真相後，便會逐漸改變，並設法適應情況或轉換跑道，就像生物學家達爾文那樣。

一八五八年，達爾文已四十九歲了，正處於知性上的巔峰。除了消化不良的問題外，他身體非常健康。歷經漫長的海上航行後，他只想待在舒適的大房子裡，與家人共度時光。他反覆地思索和鑽研，想搞清楚為何世上有這麼多的物種，而且還會爬行、飛翔、跳躍和奔跑。

他想出了一套看似合理而有趣的理論，但過程中沒有什麼「恍然大悟」的時刻，只是透過一連串的線索與靈感去推敲修正。但他遲遲不肯發表想法，總覺得應該多進行一項實驗，或是多看幾篇同事的論文。他是個頑固的拖延者、毫無歉意的猶豫者。

然後，外面有消息傳來，有另一個人提出了非常相似的想法，並準備發表論文。這後果很嚴重，達爾文一生的努力將大打折扣，他徹底改變了生物學，卻沒有得到應有的讚許，只因晚了一步告知世人。

舉白旗時刻

我在老闆的辦公室挨了一頓訓斥。越過她的肩膀，我可以看到芝加哥市中心的天際線。我當時想著：「這是我最後一次看這窗外的景色了。」往後常有人問我：「你怎麼知道當時是辭職的最好時機？」坦白說，我不敢保證大家都能做到，因為我有安全網。我的丈夫有份好工作，能負擔得起我的保險費。因此，先考慮自己最想做的事情，即使你當下還不能辭掉工作。耐心等待，也許幾年後才是最適當的放棄時機，但在那之前你還

是有很多事情可以做。[5]

——美國推理小說家雷德—戴（Lori Rader-Day）

那時，達爾文可以選擇生悶氣、乾著急、咒罵他不相信的上帝，然後繼續像往常一樣，在猶豫不決和延遲中浪費更多年的時間。他可以咬緊牙關，堅持自己的工作態度。或者，他可以來個微放棄。

達爾文沒有萬念俱灰，沒有拿幻燈片砸壁爐，也沒有用指甲去抓牆壁。他沒有放下研究工作，更沒有燒毀他的手稿。

但他還是放棄了，他不再堅持自己的「行銷」模式。他開始向世人展示自己的想法；他成功了，一年多後，《物種起源》正式出版。

當不成球員、當個球評也不錯

放棄不必是極端的二分法：是或否、存在或消失、現在或絕不。你不用毀滅一切才能重新開始，只需稍微調整策略。這樣的改變也很有效，利用你已知的知識慢慢轉向，不用從零開始。

這就是戴夫・艾倫（Dave Allen）的人生歷程。他總是能轉移熱情的焦點。他說，放棄是開始，而不是結束，所以他經歷的一切都沒有白費。

「做自己很難，」他苦笑著對我說：「因為我必須無所不知！」[6]

艾倫生長於賓州塞維克利（Sewickley），現今住在辛辛那堤。他興致昂然地回憶起，自己在十五歲時第一次聽到手風琴音樂。上了幾堂課後，他在一支舞團中拉手風琴，賺了不少錢。大學期間，他在當地的廣播電台擔任DJ，這份工作他熱愛了十多年，但後來對電腦產生了濃厚的興趣。

「我熱愛電腦，所以就專門為人撰寫程式來賺錢。」於是他把這些產品賣給廣播電台。接著他又考取了不動產經紀人的執照，改做老屋翻新的生意。「很多人都會問，令我轉變的動力是什麼，我總說是恐懼。」

除了擔心自己的經濟狀況，他更害怕無聊和停滯不前。「這個特質讓我不斷前進並重塑自己。」

二〇〇九年，他報名了飛行課程。「我放棄過三次了。這是我做過最難的事情。但我總是一再地嘗試。」二年前，他取得了飛行員執照。

他的妻子凱倫是社區中心的烹飪老師。「有時她看著我在奮力掙扎，會勸我放棄，但我不是那種人。」不過，他的確做了許多微放棄的舉動。

大衛・陳（David W. Chen）曾為《紐約時報》報導了游泳選手馬西安諾（Vinny Marciano）於二〇一七年的重大轉變。大衛提出了一個絕妙的比喻：「頂尖運動員渴望變強大，這個壓力從內外在而來。但是，他們內心難免想停下來、想要重新開始，就像電腦重開機那樣。」[7]

放棄不一定是句號。有時，我們在追求新目標前會有一段猶豫期和反思期；暫停一下，才能找到關鍵的方向。

馬西安諾來自紐澤西州，這位高中生打破了自由式和仰式的記錄，被稱為下一個麥可・菲爾普斯。他的潛力無限，但隨後就消失在泳壇了。

他還活得好好的，只是不在泳池裡活躍，而是成為一名攀岩者。他對運動的熱情絲毫未減，只是改變了方向。當時，他感到游泳變成一種負擔，所以不再能帶來樂趣。他告訴大衛：「我只看到永無止境的階梯，無論我達成什麼目標，眾人都會期待我更上一層樓。」攀岩能釋放他的壓力，令他不再焦慮。

但對於一般的運動員來說，問題剛好相反：表現普通卻又不想放棄怎麼辦？

《大西洋月刊》的特派員福爾（Franklin Foer）在其著作《從足球認識世界》（*How Soccer Explains the World: An Unlikely Theory of Globalization*）中先坦承，他是個糟糕的足球運動員。他踢得太爛了，關心他的人都不忍心看到他跌跌撞撞，更擔心他搞壞了家族名聲：「小時候，父母會背對著球場，以免看到我在踢球。」[8]

他必須做出選擇：繼續踢球還是自我尊重？

小孩才做選擇，對足球的熱愛以及對成就的渴望，兩者都可以滿足。他擅長思考、做研究、採訪和寫作，這些都可以結合他對運動的熱愛：「雖然我永遠無法達到職業運動員的水準，」他寫道：「但我可以退而求其次，好好當個足球專家。」也就是說，他微放棄了足球。

體育作家大衛・艾波斯坦（David Epstein）在其著作《跨能致勝》（*Range: Why Generalists Triumph in a Specialized World*）中指出，傳統的成功觀念是錯誤的，也就是對某個既定的目標長期又專注地投入精力。

「一般媒體在回顧成功者創造和自我發現的歷程時，」艾波斯坦寫道：「就像是從A

到B的制式旅程。但情況並非總是如此。無數的研究表明，心神漫遊、不斷嘗試才能培養實力，起跑後就領先的不一定能撐到最後。」[9]

然而，在一般的名人自我介紹中，他們彷彿一開始就做了正確的決定，知道自己必須做什麼。他們都直視目標、沒有左顧右盼，當然也從不放棄。

在這些故事的影響下，我們都相信，勇往直前一定會獲得回報，迂迴只是浪費時間而已。我們的英雄、運動員、演員、企業家、執行長，生來就知道自己想去哪裡，沒有任何猶豫、懷疑或改變。只有昏昏欲睡、做著白日夢的人才會跌跌撞撞地找不到方向。

舉白旗時刻

在最後一刻，我改變主意去學習政治學……當然，頭腦正常的人都知道熱情和毅力很重要，就算今天過得不順利，也不要馬上放棄。但是，改變興趣或重新調整目標並非不完美、不利競爭的策略。過度簡化、一體適用的勵志故事對你我都無益。[10]

——大衛・艾波斯坦

資深記者德瑞克・湯普森（Derek Thompson）也在《大西洋月刊》中撰文談到，適時轉換跑道，用遊戲的心態嘗試新工作，日後一定能有所回報。研究顯示：「剛出社會時頻繁地換工作，到了職涯的黃金階段就會有更高的薪資。常常跳槽會被人當作半途而廢的半吊子，但你因此更有可能找到精通、有意義又能賺大錢的工作。」[11]

作家雅瑞安・柯恩（Arianne Cohen）在《彭博商業周刊》中撰文談到，與其一份工作待了十幾年，內心感到厭倦和焦慮不安，還不如時時重新評估和規劃新發展。職涯專家都同意：「上班時老是蠢蠢欲動，也許代表你對這份工作已駕輕就熟了。」你的進步空間已經到頂了，是時候該繼續向前了。重新評估自己的特質以及對生活和工作的期待，就不用每天上班就只等著吃午餐。[12]

因此，你無需全盤否定自己過去的希望和夢想，更重要的是尋找替代方案。微放棄可以帶你走向新道路、擴展你的認知並增加人生的選擇。記住，「再出發」就是給自己最好的禮物，不用等待別人贈與。

艾波斯坦談到，哈佛大學的研究人員在調查、統計民眾的職涯規劃後，發現預料之外的情況。他們原本預期，各領域成功人士的習慣和做法應該都大致相似，但結果發現「每個人都走了不尋常的道路」。艾波斯坦因此建議：「多了解你自己的人生經歷和計畫，就像米開朗基羅會仔細觀察每塊大理石的屬性。在前進的過程不斷學習和自我調整，必要時也可放棄設定好的目標，改變方向再出發。」

曲折的人生路

回到一七二三年，那時沒有哈佛大學的研究報告，但十七歲的班傑明．富蘭克林知道，無論後果如何，都必須做自己認為正確的事。他對於別人走過的路不感興趣。他蠢蠢欲動、野心勃勃。

他也很容易被激怒。班傑明在哥哥所開設的印刷公司做事，但總感到不被賞識，所以決定離去。後來，富蘭克林也自行開設印刷公司，這成為他職業生涯的重心，也為自己帶來財富。當初他看起來像是要轉行，但那只是短暫的插曲。在他漫長而忙碌的一生中，他好幾次這樣暫停、轉向、再出發，以滿足自己強烈的好奇心。

美國史專家愛德華．格雷（Edward Gray）說：「富蘭克林展現了高度的認知靈敏性。」[13] 他就像雜耍藝人一樣，擅長兼顧許多事物。他對這個世界有無窮的興趣，喜歡投身於各種事業中。「放棄昨日的癡迷，沉溺於今日的喜好」，微放棄就是他最好的生活策略。

舉白旗時刻

高中時，我想成為焊接工人或機械工程師。我從小就喜歡組裝模型，還自己打造了卡丁車的引擎。創造和拆解事物就是我人生想做的事。但在七〇年代末期，美國經濟衰退，許多人都過得很絕望，因此我自己去上了商業課程。我那高學歷的父母得知後非常驚訝。後來我去念芝加哥大學，並發現我喜歡做學術工作，因為這也是創造性的活動。

——愛德華．格雷

格雷說，大部分的學生都不理解富蘭克林這樣多才多藝的人。他們會擔心，興趣太廣泛、腳步太慢的話，就不會認真看待自己的本業。格雷說：「他們將富蘭克林視為舊時代的奇怪產物。他們會設定單一、方便求職的目標，比如考上法學院或學會專門的技術。這些學生認為，生命歷程應該是線性的。」但這樣就錯過了微放棄的好處，包括在曲折、迂迴的過程中創造意義。事實上，非線性的生活策略在商業和藝術領域都有優勢。

斯泰爾騰波爾（Greg Steltenpohl）在一九九〇與朋友創立了奧德瓦拉（Odwalla）果汁公司，其產品大受歡迎，一年的營業額高達六千萬美元。但在一九九六年，他的產品大腸桿菌數量過高，導致數十人重病以及一人死亡。兩年後，斯泰爾騰波爾辭職。

他得設法找尋新出路。你應該會猜想，食品業絕不是他會考慮的第二春。然而，他真的這麼做了。二〇二一年，《紐約時報》刊登他過世的消息，並提及他後來創辦了專門生產非乳製品飲料（如燕麥奶咖啡）的Califia公司。他的兒子伊萊說，父親聽從了蘋果創辦人賈伯斯的建議，才創立了這家公司。當然，賈伯斯也是微放棄專家，伊萊說：「賈伯斯鼓勵他跳出框架思考，把當前的困境視為創新和進步的機會，而不是失敗。」[14]俗話說：「當生命丟給你一顆檸檬，那就擠杯檸檬汁吧！」勇敢放棄、重新開始；讓你陷入困境的事情，有時反而能為你帶來智慧和新想法。

創立第二家同類型的公司，企業家必須拋棄原有的做法與期待。大約一個世紀前，小說家亨利．詹姆斯也是如此。

一八九五年，詹姆斯已出版了《黛西．米勒》（*Daisy Miller*）和《一位女士的畫像》等著名小說，但他還渴望成為劇作家。某天，詹姆斯穿過倫敦大街小巷，來到聖詹姆斯劇院，參加他的劇作《蓋．東維爾》（Guy Domville）的首演之夜。

這部浮誇的戲劇應該不會受歡迎，因為劇中人物老是在長篇大論，講些不著邊際的話。觀眾看得很不耐煩，不時從擁擠的座位上發出厭惡的低語聲。結局的長篇演說結束時，主角宣告：「大人，我是東維爾家族的最後一人！」台下觀眾不禁大喊：「真是太棒了！」

然而，更大的恥辱還在後頭。傳記作家埃德爾（Leon Edel）寫道，當詹姆斯登上舞台與演員一起謝幕時，台下不斷傳出嘲笑聲和噓聲。[15]有位演員試圖打圓場：「我們都盡力了。」但觀眾不領情，繼續回嗆說：「當然不是你的錯，因為這是一齣爛劇。」悲痛又震驚的詹姆斯後來寫信跟朋友說：「那個開幕之夜是我人生中最可怕的時刻。」

詹姆斯該怎麼辦？他可以繼續創作劇本，免得被人嘲笑自己半途而廢。為了取悅觀眾，他可以做點妥協、改變自己的創作風格。當然，他也可以鎖上自己的想像空間，不再創作劇本，之後就不必再擔心觀眾的反應。但就算不採取如此極端的做法，他也必須有所改變，否則另一個首演之夜會再次毀了他。

於他是採取了微放棄的策略，不再創作劇本，而是把重心回到小說上。之後，他繼續創作出留傳至今的著名小說，例如：《碧廬冤孽》（*The Turn of the Screw*）和《金缽記》（*The Golden Bowl*）。在他一九一六年去世之前，還寫了幾部劇作，但不是《蓋．東維爾》那樣大格局的作品，因此也沒有再被觀眾羞辱了。

挫折就是新動力的來源

時間回到一八五八年那個春天早晨，達爾文拆開一封信；此時此刻，他的關鍵時刻即將到來，只差幾秒鐘了……

他花了二十多年時間在做研究。事實上，他從小就熱衷於觀察他所見的每一種生物，並思索牠們的生命型態。換句話說，他的一生都在研究生物。

但也許他太有耐心了。

自從二十年前他從國外收集標本回來後，達爾文就遇到瓶頸了。他大部分時間都在自家雄偉的老房子裡度過，它離倫敦市區約五十公里。他還建立了獨創的實驗室，並用完美主義禁錮自己的心靈。

他繼承了大量的財富，所以能養活他的大家庭並繼續做研究，無需從事耗時煩人的工作。他縝密地寫下各種研究筆記，但不覺得要早點公諸於世。他有足夠的資金，可以悠閒地做自己喜歡的事。

達爾文愉快地打開這封信，雖然他跟對方不熟，但此人也是值得尊敬的生物學家。災難即將到來，但他毫無警覺。他瀏覽了一下信件，結果令人震驚。他的希望、理想、成名的夢想，都就像巨浪下的藤壺，一瞬間就消失了。

寄信人是華萊士（Alfred Russel Wallace），他有點像是達爾文主義的分身，只是沒有那麼多財富和空暇時間。華萊士曾在印尼和馬來西亞進行實地考察，回來後撰寫了一篇論文並寄給達爾文，希望人脈更廣的達爾文能幫他發表。

華萊士說明了物種如何分化成不同的樣態。在生存的鬥爭下，一些物種遭到淘汰、另一些物種則生生不息。簡而言之，達爾文一直在研究、但尚未發表的理論，都被華萊士講完了。

這兩人在同一時刻得出相同的革新想法。但華萊士先寫下來並積極尋求發表的機會。而達爾文讀過這篇文章後，也不能假裝它不存在。[16]

達爾文心煩意亂，於是寫信向朋友抱怨道：「我很在意理論發表的優先順序。我感到非常痛苦。我的獨創性毀於一旦。我很沮喪，但卻無能為力。」[17]

此時，達爾文有一個選擇，他可以繼續保持令他陷入困境的隨性工作態度，也就是展現毅力、拒絕改變方向並堅持他的日常習慣，然後一事無成。

或，他可以微放棄，接著對自己說：「事情並不如我期望的那般順利。我必須做一些改變。」他可以重新評估情況，並承認自己哪裡做錯了。

於是，他改變想法，決心將自己的理念呈現在讀者面前。達爾文傳記作家珍妮特・布朗（Janet Browne）說：「他以失望的心情放下了能揚名立萬的機會。但這麼一來，他就能用新的眼光看待自己的研究，並意識到還有其他的成功之路。內心的不安令他驚慌，卻也讓他充滿了活力。」

布朗接著說：「長期以來，達爾文一直受焦慮所擾。他做事謹慎而傳統，事事都要符合科學標準。現在，這些心理障礙全被推到一邊。被搶先一步後，他本來的習性也被摧毀，於是他的決心浮現了，如鋼鐵般閃閃發亮。」[18]

那個膽怯、猶豫不決、不停修改自己理論的人不復存在了。布朗寫道：「他本來就很勤奮，但現在他比以前更努力了。華萊士的論文給了他所需的動力。」達爾文是個品德高尚的人，當然有幫華萊士發表論文。但他也發表了自己的作品，也就是《物種起源》。他沒有放棄自己的想法，而是改變對它的態度，所以才能完成那本書。布朗說，這不僅是一篇論文，而且是一部「流傳永久的經典作品」。[19]

放自己一馬

你停不下來，而且想嘗試一些新東西。半夜你還坐在床上寫日記。是時候做出改變了。用不著先全然放棄，調整一些做法就好。放棄與否不是二分法。

第八章

把握認賠殺出的時機

策略性放棄是成功的祕訣。[1]

——行銷大師賽斯・高汀

二〇一四年底，在加州帕羅奧圖，某個陽光晶瑩、極其美麗的日子，藍天上點綴著宛如一團團泡沫奶油的細小雲朵。

伊莉莎白・霍姆斯（Elizabeth Holmes）以她一貫輕快、全神貫注、傲氣的步伐走進辦公室。她於二〇〇三年創立生技公司希洛諾斯（Theranos）。

她召開會議，對所有員工發表談話，幾分鐘後，她對記者們重複一樣的話：「機器壞了，我不知道該怎麼修好它們。所以我要關閉公司。我不幹了。」

「惡血」所帶來的真正教訓

以上的情況都沒有發生。相反地，她不斷強調她的新設備具有改變世界的力量。到了二〇一八年，放棄與否已經不是她能做主的事了，因為公司倒閉了。霍姆斯和高層幹部必須接受聯邦調查局的調查。她的夢想是發明一種血液檢測機器，僅透過一滴血，就能進行數百種測試。她將這個設備稱為「愛迪生」，以紀念她最喜歡的發明家，但最終她失敗了。

大多數人都不解霍姆斯的做法。既然那個設備沒有效果，為什麼她不早早放棄呢？認賠殺出，反省後重新擬定創業的計畫，日後一定會有再出發的機會。

希洛諾斯的垮台在業界具有重大的道德意義；它在警告世人，傲慢和貪婪有多麼危險。許多人都認為這全是她的詭計。但我們也不都跟她一樣，應該辭掉工作卻消極地坐在位子上，只是她比我們有名而已。

這位穿著高領黑衣的科技新貴，從長春藤名校輟學後就創辦了亮眼的新創公司，但沒多久就轟然消失了。我們當然沒這麼大的影響力，但廣義上來說，我們都曾在面臨失敗時苦撐不肯退讓。

不管你從事哪種工作，只要遇到困難，就必須決定是要辭職或留下來。無論你是老闆或基層員工，製作的是電腦晶片或杯子蛋糕，無論你是電工、老師、卡車司機或是作家（上帝保佑你），無論你是炙手可熱的企業家、還是連鎖餐廳的店長，無論你要直接對董事會負責、還是得聽命於某個中階主管，都會面臨抉擇的時刻。現況窒礙難行時，你當然一定得退出。但你會面臨兩個巨大的障礙，霍姆斯不想面對它們，所以才注定要失敗。

首先是恐懼；其次是沉沒成本謬誤。

要做出職業生涯的重大決定時，你絕不是獨自在辦公室想破頭（當然有些人喜歡在浴室裡邊唱歌邊思考）。你並不是獨自一人，因為恐懼總是無所不在。你知道是時候該放棄了，所以陷入煩惱和猶豫中，也不斷地拖延和找藉口。你不是膽小鬼，只是被長久以來所學到的觀念所困，也就是斯邁爾斯所傳授的毅力精神。這位維多利亞時代的紳士雖然心懷善意，但做法卻有點偏差。他要大家充滿熱情、堅定不移，並把所有的精力都放在單一的目標上。

斯邁爾斯建議，不管你是做馬鞭的工匠或是採石場的工人，就一輩子做好這份工作就好。離開採石場去經營牧場只是痴人說夢，改變方向、半途而廢的人都是娘炮、輸家。

這種頑強、一眼不眨的毅力，其實底下潛藏著恐懼。因為你在擔心，辭去工作會失去一切。搞砸了下一份工作怎麼辦？什麼時候才是放棄的正確時機？當然，放棄是有風險的，你得勇於面對未知，相信自己終會找到理想的工作。不過，你必須先擊退恐懼，在渾濁、離亂無章的生活中找到清晰、光明的道路。

MSNBC電視台的主播瑞秋・梅道（Rachel Maddow）在接受採訪時這麼描述自己的職涯軌跡：「跟大眾的想像不一樣。我並非下定決心要實現某件事，而是不斷收集碎片，才慢慢拼出未來的藍圖。我跌跌撞撞了無數次，但現在才走到這裡。我很珍惜這個過程。」[2]

當然，你我都不是才華洋溢、善於表達的人，更沒有能力主持新聞節目，每年賺取數百萬美元。同樣地，我們也不是霍姆斯那種有魅力的夢想家，在矽谷有無數的人脈。確實如此，但每個人都打從心底害怕放棄，因為那需要想像力和冒險的精神。

主持新聞節目十五年後，梅道於二〇二二年辭去這份工作，轉而全心投入寫作。她並不害怕放棄，反而變得更有活力了。

假如霍姆斯一發現「愛迪生」的重大缺失就承認錯誤，今天也許就不用鋃鐺入獄。如果梅道在曲折的人生道路上固執己見，一直做著不適合自己的工作，也許就得不到今日的成就。對於這兩位女性來說，放棄與否都影響到人生的關鍵發展；前者沒有在對的時刻放棄，後者則善用放棄所帶來的機會。

的確，我們很難相信放棄之後會有好事發生，因為我們被斯邁爾斯洗腦了。他警告我們，停止前進的話會有可怕的後果，所以堅持下去就對了。否則日後一有壞事發生，大家就會指責你太早放棄了、一切都是你自找的。

恐懼是出於對未來的理性猜想，比方說，辭掉工作會失去收入和歸屬感，而它們都是身分認同的重要部分；而結束事業就是與夢想告別。除了金錢、同事情誼、地位和野心外，你不相信有更美好的未來，尤其在面對困境和犯下大錯時。戰勝恐懼的唯一方法是培養樂觀的態度。我指的不是構築虛幻的美景、天真又愚蠢地相信明天會更好。真正的樂觀是保持理性和行動力，而這些能力得透過放棄才能激發出來。

貝西・史蒂文森（Betsey Stevenson）曾擔任歐巴馬的經濟顧問，她目前是密西根大學公共政策和經濟學教授。二〇二一年，美國辭職的人數創歷史新高，對此她表示：「在二〇〇八年的金融海嘯期間，我會看著這些數據，然後希望大家快點辭掉工作，因為這才是樂觀的態度。勇敢辭職，下一個工作一定會更好、更適合你。」[3]

不敢辭職的代價

作家露辛達・漢恩（Lucinda Hahn）也認為，不辭職的代價很高，除了讓恐懼支配你，還導致你不能滿足自己的需求。

三年前，漢恩還在北卡羅來納州的某家出版社工作，管理階層改組後，她就陷入困境。「我開始被忽視、被看輕。他們不想解僱我。我是團隊中最有價值的成員，薪水非常高；前一年我加薪了百分之三十，還得到升遷。」[4]但她對工作感到厭倦，因為主管的視野太狹隘了。

「我很想說：『去你媽的。我要走了。』但我沒有。我受到不公平的對待，卻又沒有為自己挺身而出，就得自己承受苦果。」

漢恩告訴我，她很訝異自己沒有果敢地辭職並尋找合適的工作。認賠殺出和迅速爬起來是她的生活策略；她在念西北大學時打網球和參加壘球隊，那段難熬的經歷讓她學會放棄。「我始終自認為是個運動員，我的身體有許多傷。但我不想停止運動，最後膝蓋就報廢了。」

舉白旗時刻

我在布拉格工作了約六個月，而某個朋友是我的好同事。她說要辭職時，我心想：「沒有人會這麼果斷！你就這樣辭職了？」我考慮了大約兩個星期後才辭職。我很感激她種下了這顆種子。感覺就像舉起槓鈴或天亮時拉開窗簾，那是個非常有能量的時刻！

——露辛達・漢恩

漢恩說，如果她早點放棄運動，韌帶就不會受傷那麼多次，但運動不僅僅是消遣，更是她自我認同的核心。「最後我不得不停止比賽。我很傷心，還打電話給媽媽，哭著說『我不能再有所表現了』。我需要一些東西來填補心靈的空缺。」

大學畢業後，她決心學習不同的生活方式。她想依照自己的意願做出決定，而不是為了滿足他人期望。她希望別人在評斷她時是根據她的特質，而不是她的成就、薪水或職位。一路走來，她跟隨內心的引導，當工作沒有挑戰或局面變得難看時，她就辭職。

她也不明白為何自己不敢辭掉出版社的工作，那個地方已不能讓她發揮才能或滋養靈魂。她明白放棄的好處，她在自己和朋友的身上都看到這種方法的效果。那麼，這一次她為什麼做不到呢？

她說，當時內心的恐懼讓她忘記了自己的人生第一守則：「放棄有不可思議的解放效果。」當她發現自我阻礙的源頭時，就找回了勇氣。找到敵人是誰，就知道如何戰勝它。她談妥了一筆不錯的遣散費，賣掉了房子，搬到密西根北邊的小鎮。她很快就找到一份很棒的遠距工作以及熱愛的生活。

投注的心力就像潑出去的水

我們不像霍姆斯那樣，在全盛時期時創造出一家價值約九十億美元的公司，但我們都會將時間、金錢、精力和希望投注於自己在乎的工作上。所以我們不願意放棄，即便停下來是當前最迫切的需求。我們仍會繼續前進，以贖回已經投入的時間、金錢和情感。

事實上，這些事物已經無可挽回了。我們應該放棄，但又不甘心先前的投資付之一炬。

於是，我們又繼續錯誤地堅持下去。

霍姆斯就跟我們一樣，心態上肯定有問題，所以才會做錯事；事後反思工作上的不順遂時，又過於簡化原因。但如果她的行事作風像「愛迪生」本人，就應該懂得另闢蹊徑；無論我們是員工還是創業者，都可以選擇放棄。

想要破解沉沒成本謬誤，就要引出你內心的愛迪生，因為他可是放棄高手。

不斷嘗試錯誤、放棄無效的方法，這樣才能騰出時間、金錢和勇氣去找尋有希望的道路。這就是愛迪生的專長（搞不好他會為放棄申請專利）。他非常明白，如果某件事行不通，就停下來去找行得通的方法。

愛迪生對事物的洞察力高、反應又快。他想在美國種植作物以提煉出橡膠，從第一次世界大戰前夕到他一九三一年去世的二十年間，他不斷地在找尋有效的方法。傳記作者艾德蒙·摩里斯（Edmund Morris）表示，這項探索是愛迪生人生的最後一次大冒險。[5]橡膠是重要的戰爭原物料，在和平時期對經濟的影響也很大。許多歷史學家都說，橡膠在二十世紀初的重要性就跟今日的石油一樣，而且總是有所短缺。

只要遇到這種挑戰，愛迪生就會一頭衝進工作室找方法。與其仰賴南美洲及東南亞的樹汁，他更想用美國本土植物製造出橡膠。這段漫長的旅程需要不斷地放棄、再出發，而愛迪生的成就都是這麼來的。

他研究了乳草、蒲公英、黃花、夾竹桃、忍冬草、無花果、銀膠菊等一萬七千多種植物，從中提取汁液並嘗試將其硫化。摩里斯寫道：「只要開車經過雜草叢，他就會跳下車去尋找乳白色的植物。」[6]一次又一次，愛迪生相信自己找到了對的植物，只要有所進展，他就會在筆記中寫下「奇蹟出現了」。雖然接下來的實驗結果不盡理想，他還是會繼續找尋下一種植物。

如果他堅持只用某種植物來提煉，還讚許自己很有毅力，那他就會浪費更多時間和精力。對他來說，放棄不是衡量失敗的標準，而是能增加成功的機率。

他最後並沒有成功，在他過世後許多年才出現合成橡膠。但重要的是，他的實驗精神是所有人的典範。我們不是天才，但可以學著放下無效的做法。

舉白旗時刻

我的公公不想再教書了。他和妻子一直很喜歡加州，於是打電話跟我說：「我辭職了。」我嚇了一跳。他說：「我學鋼琴調音一陣子了。我們要搬到新的城鎮，以調音師的身分重新開始生活。」他們賣掉了所有家當，帶了兩隻狗離開了愛荷華州。[7]

——凱西．貝林傑（Cathy Ballenger）

臉書前營運長雪柔．桑德伯格說過，愛迪生專精於放棄的技巧。真正的毅力不是苦撐，而是帶著熱情、設定策略和依靠直覺轉換跑道；在斷斷續續、起起落落的探索過程中保持耐心、尋找有價值的事物。

哲學家蓋．德夫（Guy Dove）說：「與商業活動一樣，科學的進步不是線性發展的。它的歷史很混亂，也經歷過不少挫敗。」[8]從現今的高度來看，科學和技術的發展平穩又輕鬆；每次的錯誤和失敗都在眾人的意料中，並證明我們是朝著正確的方向前進。當然，這些都是事後諸葛。

德夫於二〇二二年在路易斯維爾的圖書館開課大眾課程，主題是「失敗和放棄如何促進科學進步」。他強調，只有少數人勇於冒險，且能面對人生的混亂和不確定性：「媒體在介紹那些受歡迎的企業家時，總會強調他們如何從失敗中記取教訓、並藉此東山再起，如馬斯克、賈伯斯等人的經歷。雖然這種說法能化解大眾對失敗的恐懼，但難免過於武斷。許多商學院的老師因此更加強調『失敗為成功之母』。但我認為這很容易造成誤解。」

當你絞盡腦汁、為職業生涯做決定後，一定要提醒自己，未來還有許多不確定性。若是遇到不能化解的困難，也要記得，放棄始終是一種選擇。

死撐著是因為太在乎他人的眼光

「在我看來，我們還是很少放棄，」約翰．李斯特說道：「社會告訴我們，放棄是不好的。它是個令人厭惡的詞。但放棄就像在球賽中改變戰術一樣。有些四分衛因為放棄了不好的戰術而受到讚揚。他們讓球隊處於優勢。」[9]

舉白旗時刻

那個週末結束時，我總算能接受事實，無論我多麼熱愛高爾夫、多麼努力練習，我還是沒能力參加PGA巡迴賽，連邊都碰不上……我想是時候該放棄夢想了。[10]

——約翰・李斯特

芝加哥大學經濟學教授李斯特過去曾在優步擔任首席經濟學家，他在新作《規模化效應》（*The Voltage Effect*）中談到放棄的好處。書中有一章名為〈放棄也是求勝的必經之路〉，當中談到：「懂得放棄是成功的祕訣。公司必須放棄一無所成的經營方針，把時間和資源投注在有機會創造優勢的計畫上。」[11]因此，做決定時要檢視相關的「機會成本」。

李斯特說：「人們一聽到『放棄』這個詞，就會以為是整天躺在床上耍廢。不如改用『轉向』，也是就放棄舊的、嘗試新的。」

無論你是員工還是老闆，如果工作出現瓶頸，都該考慮放棄的可能性。否則，你的事業可能會一夕崩盤，就像希洛諾斯或共享辦公室WeWork那樣。這兩家公司在營運出問題時，都沒有想過要放棄當下的策略並嘗試新的經營方法。

《WE狂熱》（*The Cult of We*）的作者艾略特・布朗（Eliot Brown）和法雷爾（Maureen Farrell）表示，WeWork創辦人亞當・紐曼（Adam Neumann）不但有個人魅力，行銷技巧也很高竿，所以才有辦法讓一門爛生意做那麼久：「他讓商業夥伴看到了他所擘劃的未來。但本質上來說，那只是一場騙局而已。」[12]這個騙局很快就破功了。在二〇一五年，WeWork每天虧損一百萬美元。在二〇二二年的影集《新創玩家》中，觀眾可看到這家公司的衰敗過程。希洛諾斯的崩垮也出現在影集《新創大騙局》中。類似的影視作品還不少，畢竟商業世界中有太多穿戴蠟製翅膀、飛向太陽的伊卡洛斯了。

「霍姆斯和紐曼都有很強的自我意識。他們非常在乎自己在投資者、員工和一般大眾前的形象。即使情況很危急，他們還是不願放棄，因為他們過度關注他人對自己的看法。」

華頓商學院教授亞當．格蘭特表示，自我形象是策略性放棄的重大阻礙。正因如此，許多公司的領導人才不願迅速採取避險的行動，而無數的上班族則賴在無趣的工作場所。格蘭特說：「許多華頓商學院的學生都告訴我，他們害怕成為半途而廢的人，所以不敢離開慣老闆、有毒的工作環境和不適合的工作內容。這關乎他們的形象和自我認同。他們擔心被人當成魯蛇，更不想要瞧不起自己。其實，每個人都不想在鏡子裡看到沒有毅力的自己。」[13]

出於這種心態，所以大多數人都不想要放棄。辭職了就沒有收入，還會讓所有人都失望，尤其是自己。世人不斷提醒我們，放棄是舉棋不定的軟弱表現。因此我們忘記了，放棄是一種生存本能，是大腦內建的功能。其實我們有能力去改變時下走偏的勵志文化，不再把放棄當成是失敗。（斯邁爾斯再見！）

可惜的是，大家還是把放棄當成不得已的選項。事實上，只要善用這個策略，就能推動停滯不前的職涯發展或開創新事業。

露絲・史坦伯格（Ruth Sternberg）說，來找她的客戶大多正在面臨重大的抉擇時刻，而且不敢將放棄列入可行的選項。她是紐約的職涯專家，專門幫助上班族重拾信心去轉換領域或開創事業。這些人的工作表現都不錯，但會擔心失去多年累積下來的資歷。

「這是一股強大的掙扎，」她告訴我：「雖然他們說話都很小聲，但我能感覺到他們對失敗的恐懼。」[14]

長痛不如短痛

史坦伯格很懂這種感覺。從事新聞和出版工作多年後，她感到疲憊不堪，於是決定辭職去開創新事業、發展新技能。從員工轉變為小企業主雖然令人怯步，但要改變對自己的看法更不容易。

舉白旗時刻

我在紙上東寫西湊，我想著，在寒冷的冬日訪問滑雪的民眾真難受。於是我坐在車裡，開始發揮想像力，假裝自己在滑雪，然後把這個感想寫下來。——露絲．史坦伯格

大家都說，夢想是有保存期限的，人生在三十歲前才有巨大轉變的機會。但史坦伯格不這麼認為。許多人想要辭掉工作、轉換跑道，但總認為那是社會新鮮人的專利。她對這些客戶的建議是：「具體評估你在就業市場以及對未來雇主的價值。除了過去的工作經驗外，整合資源、快速應變和思考的能力也很重要。」

不是每個人都想辭職並創業，但現在的確是個好時機。史坦伯格說：「人們現在對創業的看法比較樂觀。不少人都在發明新穎、令人興奮的事物。他們一直都有這種能力。世界就是這樣進步的。」

多年來，大家都說放棄不是好事，所以要克服這個觀念並不容易。李斯特在《規模化效應》中寫道：「長痛不如短痛；個人和組織都必須培養放棄的技能。唯有認賠殺出，才能給自己再次成功的機會。」[15]

傑克・齊默曼（Jack Zimmerman）可以證明這一點。放棄的驚人效用，問他就知道。他故事說得好、愛好自行車和歌劇，還是名音樂家兼攝影師。他是個慈祥的祖父、能幹的父親和體貼的丈夫。然而，他絕對不適合去做生意；他嘗試過了，所以也放棄了。

齊默曼跟霍姆斯剛好相反。就算有人笑他半途而廢，只要事情明顯出錯，他就會勇敢放掉。雖然他沒有豪華的辦公室，也沒有位高權重的董事會，《華爾街日報》的記者也不會來打探他的資產負債表。但他承認，每次要放棄某件事情時，還是難免覺得自己是個廢物。

「對於已放棄的事情我都不後悔。」齊默曼和妻子住在芝加哥市中心的高層公寓裡。「以前我想在交響樂團裡吹長號。這不只是興趣，我希望可以變成職業樂手。但我的天賦終究是不夠。」於是他放棄了這個夢想，並為此鬆了一口氣：「否則我的生活會非常不快樂，因為我參加太多次試奏了。」[16]

後來他在芝加哥開了樂器行，並擔任鋼琴調音師。這家店開了十五年，但事實證明他並不適合經商，那是他人生中的低谷。他說：「做生意失敗很痛苦，就像離婚一樣。」

舉白旗時刻

那段日子我過得很不開心，大部分時間我都獨自一人工作。我喜歡交朋友，獨自待店裡並不適合我。我需要出去呼吸新鮮空氣。於是我賣掉這家店了。——傑克．齊默曼

慶幸的是，他還不需要擔心離婚的事情。他的妻子曾在芝加哥歌劇院擔任單簧管首席，現已退休。她總是支持丈夫的各項決定。

放棄經商後，他又回到了自己的第一個愛好：說故事。齊默曼的口才不會輸給脫口秀主持人賽德瑞斯（David Sedaris）。他喜歡在各個表演場地分享老芝加哥的故事，用他的幽默感和渲染力傳達一些另類的人生觀，包括鉛管工人和政治家的智慧。他還擔任過專欄作家，並在多個音樂場所擔任公關人員。

後悔嗎？一點也不。「我看過太多過得不快樂卻又不肯放棄的人，」他說：「他們一生都在苦苦掙扎。而我很慶幸自己能適時轉換跑道。」

學會欣賞失敗時的美景

我第一次見到萊斯莉（Lesli）和麥可．莫茲（Mike Mautz）夫婦時，是在俄亥俄州貝克斯利（Bexley）的一個寒冷秋夜。但寒冷遇上萊斯莉一點勝算也沒有。

在我抵達後不到二十秒，她就打開了壁爐。我們坐下來聊天時，屋裡變得溫暖又舒適，就像待在精緻的民宿一樣。幾分鐘後，麥可還帶著乖巧的小型搜救犬柯爾進來。我很好奇，他們如何理智地辭掉工作、離開舒適圈，將所有的時間、精力和積蓄都投入到自己一竅不通的事業中。

舉白旗時刻

離開JDV旅館集團並不容易，它不但是我的職涯代表作，也是我的身分認同。但有時，上帝就是會推你一把，我對抗生素過敏，還因此經歷了生死交關的片刻。在朋友的幫忙下，你也能看到自己不願意面對的問題。[17]

——前JDV旅館集團創辦人奇普．康利（Chip Conley）

這家民宿於二〇一三年開業。翻修這棟老屋的費用很驚人，比當初預計的高出三倍。管線和用電設備都要換新的，牆面還得補上一萬一千平方英尺的石膏板。

「有時候，」麥可懊悔地說：「還是別想太多。」[18]

最後他成功地打造了優美的貝克斯利民宿（The Bexley Bed and Breakfast）。這棟磚砌建築坐落在安靜、整潔、優雅的環境中，鑲有鉛框的玻璃窗和石板屋頂是它的特色。我很想跟讀者說：「來跟莫茲夫婦打聲招呼，在這間民宿住一晚吧。」

但我沒辦法。當你讀到這本書時，莫茲夫婦已展開他們的下一場冒險了。在這個寒冷而清新的秋夜，他們只是這裡的短期工作人員，因為他們把這家民宿賣給了當地的一所學院。事實上，他們的經歷可當作放棄自己事業的寶貴教材。

創業或應徵新工作的機會無所不在，辭職的機會也是。並非所有的結局都是悲劇，有時它們只是中途的轉運站，下一站或許更好、或許更壞。

放棄並不一定是你自願的。有時你身不由己、走投無路，但還是有一些方法可以把意外變成助力，成為你下一次飛躍的跳板。

一九一四年十二月九日晚上，日落後不久，幅員廣大的愛迪生實驗園區起火了，當中有棟建築物儲放了大量的硝酸鹽。火焰迅速蔓延，吞噬了十三棟建築，愛迪生和工作人員則在附近的高處觀看情況。

幸好沒有人受傷，但損失慘重，許多原物料、原型機具和製造設備都毀了。四十年來，靠著那些器材，這名美國最著名的發明家平均每十一天就完成一項新發明。[19] 記者在第二天早上出現，來看愛迪生會如何回應這次挫敗。他宣讀事先準備好的聲明：「我擁有的資產都燒光了，但等到明天，搞清楚自己的處境後，就會馬上再出發。」[20] 從逆境中捲土重來是他的專長，而放棄就是他創造靈感的機會。

假如愛迪生發明時光機的話，他應該會告訴霍姆斯，設備不管用的話就發明新的吧，否則她自己引發的經營危機也會燒光一切。

這個老人應該會對她說：「這位年輕的女士，請暫時放下手上的工作，去找新方法來改良這台機器，讓它真的有妳聲稱的功能；找不到的話就放棄吧，去發明其他的機器。最重要的是，在這個該死的機器生效前，不要把我的名字貼在上面。」愛迪生自己也在書中寫道，放棄不是失敗，而是邁向成功的第一步。

那天晚上，愛迪生站在山丘上，周圍全是焦急的同事和震驚的家人，看著火焰飛躍及灼燒。一位傷心欲絕的員工走近愛迪生，並用顫抖的聲音說：「這場火災真可怕。」

這名員工根本不理解他的老闆。人生的趣味和挑戰就在於不得不轉換跑道。你在悶燃的殘垣斷壁中不斷尋找新素材；與此同時，你也很享受大火熊熊的奇觀。

愛迪生輕鬆地回應那名沮喪的下屬：「是的，麥斯威爾，一大筆錢都被燒光了。但你看，這個場景是不是很壯觀？」

放自己一馬

你灰心又沮喪，這份工作並沒有如你期望的那般順利。又或者你創業失敗了。是時候來釋放心裡的愛迪生了。不要淪為恐懼和沉沒成本謬誤的受害者，也不要無視苦撐下去的機會成本。放棄並不是結束，它可能是成功的開始。

第九章

在親友的期待與自我認知間找到平衡點

希望你過著令自己感到驕傲的生活，沒有的話，至少擁有重新開始的力量。[1]

——劇作家艾瑞克．羅斯（Eric Ross）

史蒂芬妮．蘿絲．斯伯丁（Stephany Rose Spaulding）拖了很久，但已到了關鍵時刻，她必須告訴父親她的決定。

斯伯丁從印第安納州開車回芝加哥探望父母，當時她是普渡大學的博士生。「家裡沒有人拿過博士學位。」[2]斯伯丁說。她的父母都是公立學校的老師，她拿獎學金進入研究所時，他們非常興奮，對女兒的志向感到驕傲不已。

至今四年過去了，她已經到了一個臨界點，但從未向父母透露她的煩惱與痛苦。身為系上為數不多的黑人學生，她感到自己被邊緣化和不受尊重。

「壓力太大了，」她回想：「普渡大學的種族歧視很嚴重。西拉法葉是我住過最不愉快的地方。我每天都喘不過氣來。」

她決定放棄博士班。然而，她該如何告訴父母這個消息？尤其是她父親，他相信在上帝的安排下，女兒注定要從事學術工作。

向家人坦承你的無力感

你有多重身分；你有父母，你自己也有小孩，身邊有兄弟姊妹、伴侶、朋友、鄰居、老闆和同事。他們關心你，對你有很高的期望。這是很棒的事情，有人可以指引你、激勵你，並在你動搖時扶住你。

不過，當你決定放棄時，不論是工作、學業或感情，就必須考慮親友的感受。若他們不認為這是個好主意，那他們的關心和同情就會變成阻力和壓力，你知道自己適合走哪條路，但他們卻不如此認為。當然，他們愛你，也大多了解你，所以你不想讓他們失望。在人生路上，這些人都會為我們的夢想點亮一盞燈。

斯伯丁在車裡告訴父親，她決定離開普渡大學。父親聽了很難過，接著生氣地說：

「上帝派妳去那裡！難道妳要違逆祂的旨意嗎？」

她只好說出自己的苦痛：「每一天我都想自殺。我目睹了我的黑人同學精神崩潰。她的情況非常糟，連杯子都拿不穩。」

父親平靜下來後，為自己的口氣不佳道歉。他接著說，這個困境也許有解決的方式。家人可以集思廣益來找出對策，當然也會一起祈求上帝的幫忙。

「我當時感到非常緊張，」她回想著：「要堅持下去嗎？還是改變目標，以便進入人生的下一階段？」

舉白旗時刻

我感到心力交瘁。博士論文審查委員會剛剛否決了我的第二個提案……我坐在委員會成員的宿舍裡，他是我最欣賞的教授。我說：「我不知道該如何完成這個學位。」他說：「妳已經很努力了。史蒂芬妮，論文只是一個練習，盡力完成就好。」

我記得客廳很暗，太陽已經下山了。我的心情也很沉重，他那番話好像在說，只要完成白人對我的期待就好。這樣就能撐過去了！那一刻我就知道，我有機會告別這裡了。

——史蒂芬妮・蘿絲・斯伯丁

從小她就會花很多時間評估自己的天賦。「在成長過程中，我一直覺得自己會成為律師，」斯伯丁笑著說：「我很迷戀影集《天才老爹》中的律師媽媽。我猜想，我畢業後會回到東部，住在棕色石磚屋裡，過著中產階級的生活，而來訪的都會是詩人和音樂家。」大二結束後，有位教授問她是否想從事學術工作。「這完全顛覆了我的想像，」我當時想：「沒有黑人會去當教授。」

教授接著說：「妳有天賦，他們會付錢讓妳去念書的。」於是我一口就答應了。但研究所並不如她想像的那麼美好，她的疑慮也不斷累積。

她坐在父親的車裡時，既痛苦又拿不定主意。她知道父母的期望是什麼，但她自己想要的是什麼？雖然她認為放棄是最好的選擇，但搞不好在家人的祈禱下，她就能堅持下去。

於是斯伯丁繼續攻讀博士學位，但她搬離了西拉法葉。她在芝加哥租了一間公寓，並待在那裡寫論文，必要時才開車往返校園。她大多待在新住所，以享受多元的城市生活。

「我的指導教授嚇壞了，」她回憶道：「他們以為我待在外地就不可能完成論文。」但他們並不了解她的想法和決心。

完成博士論文後，她擔任過幾份教職，最終成為科羅拉多大學科羅拉多泉分校的代理校長，並以多元、公平和包容的精神治校。她也在該校的女性和族群研究系所任教。

她永遠不會忘記那天坐在父親車上的情景。當時她必須做出對自己人生最正確的決定，但無論事情如何發展，她知道自己不是獨自一人在苦戰。

「放棄不只是你一個人的事」

體育界對放棄的看法既刻板又明確；放棄就是懦夫，拚下去就是贏家。對許多人而言，放棄者的形象就是脫下頭盔、垂頭喪氣離開沙場的士兵。反正沒來練球就是膽小鬼，放棄就是認輸，就跟記分板上的數字一樣清楚。

但克莉斯汀．迪芬巴赫（Kristen Dieffenbach）博士不這麼認為，她說：「停下來是好事。但我們把放棄視為失敗，還加上許多刻薄的評論。但事實上，危險又無益事情當然要停手。但是運動界太看重成績，所以才瞧不起無法完成比賽的人。」[3]

迪芬巴赫是西維吉尼亞大學的副教授，主攻運動教練學。她和丈夫都是運動員，自己的孩子也是運動員。換句話說，她非常了解放棄在運動界的含意。

迪芬巴赫在研究中強調，對年輕選手來說，父母和教練所扮演的角色很重要。放棄是非常複雜的決定，這不只涉及選手個人的發展與意志，家人和學校也投入了大量的金錢、時間和情感。在體育界，放棄可說是一項團體決定。

舉白旗時刻

某天，我正在編輯室寫稿，而截稿時間快到了。我的兒子萊恩那時九歲，我是他少棒隊的教練。我抬頭看著時鐘，希望自己能準時完成那篇報導。我人生中第一次那麼渴望去編輯室以外的地方。我必須換別的工作，這樣才能參加那些比賽。有一半的父母都在球場，我也不想缺席。就在那一刻，我知道我必須辭職了。[4]

——小說家羅賓・約卡姆（Robin Yocum）

迪芬巴赫說：「體育活動充滿了家人的情感。父母要接送孩子去球場，坐在看台上為他們加油。因此，孩子放棄某項運動時，全家人也要跟著離開。」

因此，對於父母和教練來說，很難接受自家的運動員想放棄。對於球隊或訓練單位來說，放棄更會引發高層的不滿：「我們為你犧牲了這麼多，全然地相信你，而你現在說走就走？就在成績剛有起色的時候？」

鐵血教練會把選手的能力推到極限，還不允許他們半途而廢；教練是激勵者，也是猛獸。這些故事都非常經典，而職業球隊的教練也成為眾人的榜樣。綠灣包裝工的教練文斯．隆巴迪就擅長將球員逼到極限。新英格蘭愛國者的教練比爾．貝利奇克（Bill Belichick）也以無情、嚴厲而聞名。

巴比．奈特於一九七一年至二〇〇〇年間擔任印第安納大學籃球隊的總教練，他的性格火爆，多次在球場上亂發脾氣，甚至有球員在練球時被他拳腳相向。但體育界仍表揚他的成就，大多數的球員都很尊敬他，並將自己的成就歸功於他的指導。

當然，一定有球員認為奈特的脾氣不好，但為何他們不轉身離開？球隊又不是古拉格集中營。理論上來說，球員的確可以說走就走，體育館的大門又沒鎖。但實際上來說，他們都被自我期待和自我要求的精神困住了。在電影《洛基》中，主角雖然身受重傷、血流滿面，但仍誓不屈服、奮戰到底。一想到失敗時會有多丟臉，放棄的念頭就會煙消雲散；英雄絕不會放棄，更不會蓋牌認輸。

「放棄絕對是一種恥辱，」迪芬巴赫說：「在二十五年的跑步生涯中，我放棄過二次，一想起來還是感到很羞愧。」

羞恥感是一股強大的動力，除了自責和懊悔，運動員也不想讓相信他們的家人和教練失望。所以他們會忽略身體發出的「休息」訊號。迪芬巴赫說：「運動員總分不清身體的疼痛是因為自己實力不足還是根本就受傷了。」所以，運動員沒有辦法像一般人一樣「遇到阻礙停下來就好」。對他們來說，堅持與毅力的確有其價值，就像學數學一樣，遇到難題時總得動動腦、試著去破解它。迪芬巴赫說：「雖然大腦會叫你回頭，但你一定要克服痛苦、繼續前進。正如幾個月沒運動的選手重回體育館後，都會發覺自己退步了，所以得要求自己多做一點訓練。」

這是非常困難的選擇：是要堅持下去、超越極限、享受其中成就感；或是要放棄。教授說：「放棄等於失敗、一事無成，所以我們都強調要努力不懈。但很少人想到，放棄就是把時間留給其他的事情。」

舉白旗時刻

我和丈夫以及五歲的兒子麥克決定去旅行。大家都認為我錯了、不該辭掉工作的。他們說：「你的職業生涯毀了！」這反應真激烈。但我們一家都覺得，休息沒什麼不好啊？母親開車載我們到機場，她在車上對我說：「你們到以色列時，我說不定已經死了。」我找到離開的勇氣，雖然每個人都說我會後悔，但我從沒有那種感覺。[5]

——《華爾街日報》專欄作家邦妮・米勒・魯賓（Bonnie Miller Rubin）

運動是為了身心健康

迪芬巴赫不是在跑步、騎自行車就是在打網球，只要你想得到的運動，她都有參與過，並付出全力練習。她喜歡競爭、挑戰自己、贏得勝利。

她曾是波士頓大學田徑隊的替補選手。開始研究體育教育後，她的興趣從運動生理學（跑、跳、揮動球棒時的身體變化）延伸到廣大的世界。她想將身為運動員所學到的經驗和教訓應用到其他知識和文化領域。

美國人熱愛體育活動，但大多限於觀看頂尖職業球員的比賽，但迪芬巴赫希望，有更多人能開始在自家後院運動。就算你當不成NBA球員，保持活力和健康也是開心的事。這麼一來，你就不會因為四肢不協調而排斥運動，玩得開心就好！

「在美國，我們注重個人形象的經營，」她說：「其他國家的人更重視群體。美國人有個壞習慣，總認為拿金牌才有價值。我們沒有意識到，運動是一項需終生參與的活動。」

迪芬巴赫說，她和丈夫都是很有決心的運動員。他們家養了三隻狗、兩隻貓，地下室還有十五輛自行車；他們十一歲的兒子打曲棍球。假如兒子說不想打球了怎麼辦，她說：「這也沒關係，只要能多多活動身體、不要一直坐在家裡看YouTube影片就好。我不會難過，但會跟他討論原因。」

海蒂．史蒂文斯（Heidi Stevens）的女兒珍在十七歲時決定放棄體操（珍從六歲開始接受訓練）。某天課程結束後，她女兒一上車就說：「我受夠了！我不練了。」「我當時的反應是『好喔』，」史蒂文斯笑著承認：「每週有四個晚上要開車半小時送她去體育館。她想放棄當然好，我樂得輕鬆。」[6]

史蒂文斯接著說，她女兒的放棄宣言是新生活的開始，而不是結束。她認為：「教養文化已經改變了。我們更常接觸孩子的社交和情感生活。遇到事情時，如果孩子願意的話，我們會一起好好討論。」

史蒂文斯在媒體專欄上討論教養問題，也是芝加哥大學「父母國家計畫」(Parent Nation)的創意總監。這個組織旨在改善全國的家庭問題，比如降低兒童的保育和醫療費用。她以自己的經歷為教訓，說明她不會勉強孩子要接受訓練。

「高中時，我非常沒有方向。體操、芭蕾、踢踏舞我都練過，然後就荒廢了。我還彈鋼琴，從小學練到高中。但每次彈奏的時候，哥哥就會過來打我，然後媽媽就會對他大吼，最後搞得氣氛很緊張。坦白說，我也不喜歡彈琴。」

所以當女兒想放棄體操時，她想知道原因。「堅持到底確實不容易，」史蒂文斯說：「我告訴她，放棄沒關係，但不能只是因為碰到瓶頸就不想面對。」

她不希望女兒有任何遺憾。她自己也有些惆悵：「真希望我當初能堅持一下，我本來可以成為優秀的鋼琴家。」

珍也證實了母親的說法：「她非常支持我去練體操，但不會強迫我要一直練下去。」[7]

舉白旗時刻

我記得很清楚。我剛剛完成體操練習。我走出體育館，看到我媽的車——那是一輛銀色本田休旅車——停在停車場，她總是在那裡等我。那時我想著，「我受夠了。我再也不要回到這裡了。」這很可怕，你受夠了你人生中大多數時間都在做的事情——但那也是一種很棒的感覺，就像我擁有主導權一樣。我轉過身拍了一張體育館的照片，然我上了車，說：「媽，這一切都結束了。」

——珍・史蒂文斯

珍會放棄體操有種種因素。多年以來，她一直跟著自己喜歡的教練在舊體育館訓練。這位教練離職後，她只好到新體育館上課，但還是很懷念以前的上課情景，「他就像家人一樣。我們有很多美好的回憶」。

她放棄體操後，很快就加入學校的划船隊，沒多久又改投入了啦啦隊（「划船很無聊」）。她不太在意自己從事什麼運動，只要身體有活動就好：「我喜歡全身酸痛的感覺。這是運動中最純粹的部分。」

「我不想一輩子都在檢查螺絲」

路易斯．漢斯（Lewis Hanes）想辭掉工作，但這個決定是否明智，他很想問問父親的意見。但他沒辦法，這是他一生的遺憾。

一九三八年，當漢斯六歲時，他父親因病去世，母親在俄亥俄州經營家族的大豆農場，並撫養漢斯及他的三個姊妹。早逝的父親成為他奮鬥的動力。權威者的身影很巨大，即使他們不在人世，還是能影響後人的決定。

許多人的腦海中都會聽到已逝長輩的意見與評論，彷彿他們還在世一樣。

一九五〇年，十八歲的漢斯從高中畢業，並選擇在附近的工廠上班，因為「我沒有車，而鄰居每天會開車去那裡，可以順道載我上班」。[8]

他每天工作八小時，負責檢查工廠生產的螺絲及各種零件是否有問題。漢斯回憶道：「有些人在這個品管部門工作了三十年。」一想到五十歲時自己還會坐在這裡，漢斯就滿心鬱悶。

「那些人認為這是一份好工作。」他告訴我。對於他的同事也許是如此，但他有自己的想法。他有些模糊的夢想和遠景，那是其他十七名畢業班同學沒想到的。也許，有天他會拿到俄亥俄州立大學的工業工程博士學位，然後搬到矽谷去做自己喜歡的工作。

但首先，他必須辭職。

「當地人都是這樣，在高中畢業後要嘛去當兵，要嘛去農場或工廠上班，」漢斯回憶道：「留下來的話，我一定會跟當地的女孩結婚生子，安穩過一輩子。」

但他沒有。他辭掉了工作，他先去服役，然後娶了菲莉絲、還生養四個孩子。他曾在某大企業上班，還參與開發了世上第一台超市掃描機。他目前擔任商業顧問，在俄亥俄州和佛羅里達州都有客戶。

漢斯生性沉默寡言。在一九五〇年夏天，不知哪來的勇氣，他放棄穩定的薪水、離開了工廠，前去就讀俄亥俄州立大學。他的高中同學沒人念過大學，但母親、高中老師和鄰居都沒有因此質疑他的決定。

漢斯說不出自己到底如何辭掉第一份工作，但這不令人意外。《選擇，不只是選擇》（*The Elements of Choice*）的作者艾瑞克・強森博士（Dr. Eric J. Johnson）表示，決策是複雜的過程，相關的研究也才剛起步而已。做決定看起來像是二分法，是或否、留或走，但當中牽涉到當事人的性格以及統整資訊的方式。他在書中提出決策研究的革命性概念，像是選擇架構和組合偏好等。

「做決策非常困難，」強森寫道：「有時我們自認為想要的目標很清楚。但往往當下的情況是以前沒碰過的。有些人認為，選擇就是找出自己想要的目標，然後加以評估。事實上，最難的就是找出自己想要的事物，大多只能靠過去的經歷和記憶。」

舉白旗時刻

我的許多決定都是意外產生的。我選擇做某些事，就等同於捨棄其他的事情。我曾經在管弦樂團中彈低音大提琴。畢業後我放棄就讀研究所，猜想自己可以先找個寫程式的工作，因為那是我的專長。但我遇到對的人，同事們又指引我進入了研究所。[10]

——艾瑞克．強森

高中畢業後的那個夏天，漢斯站在人生的十字路口。他的雙手被玉米穗刮傷、長滿了繭，在工廠下班閒餘時間，他都在鄰居的農場工作。他必須做出選擇，是要每天八小時在品管部門檢驗螺絲，和周圍的人過一模一樣的生活(另一個選擇是農場)。或者，他可以離開。

他決定選擇另一條路，他看待自己的人生方式與鎮民們不同。他絕不回頭。

天意難違

說到權威者，階級最高的當然是上帝，而蘇珊·華倫（Susan Warren）也因此改變了生活。

華倫是成功的編輯和作家，五十歲那年，她決定進入神學院。六十歲時，她成為肯塔基州列星頓市的第一位女牧師。

「我花了一段時間才準備好要放手一搏，」她告訴我：「我從小就是長老會教徒，但我對教會組織有疑慮。我始終對生命的有限感到焦慮，也想去搞清楚這個問題。我有想過要去當社工。不過，我對上帝很好奇，研究得愈多，未知的事情就更多。跟宇宙有關的理論有成千上萬種，但沒有人知道真相。而這也無妨。」[11]

丈夫和兩個女兒都支持她的決定，但親友卻表示懷疑，許多朋友都搞不清楚她在想什麼。在新工作中，她最感到驕傲和滿足的一天，就是她主持的第一場同性婚禮。當然也有不快樂和掙扎的時刻，她也會懷疑放棄從前的生活是否正確。「我剛開始當牧師時有遇到一些困難，」她坦承：「一些教友也因此離開了。」

舉白旗時刻

我從未想過自己會去當牧師。有次我和一位牧師聊天，還去參觀神學院。他問了我很多問題。那是一個美麗的春日。開車回家後，我又出門散步，心中充滿讚嘆之聲。我意識到這是我該追求的目標。這時，我眼前的花朵、天空和樹木都是如此有活力而美好。這就是我想做的事，它就這麼浮現了。

——蘇珊・華倫

漸漸地，事情出現轉機。週日聚會時，長凳上開始擠滿了人。她最喜歡的工作是接受教友的諮詢。這對她來說是一份挑戰，但她慢慢喜歡與人交談。這些教友對自己的人生有許多疑惑，也不知該如何在生活中實踐信仰。華倫說，放棄是教友們最關心的話題，而她回答時從不拐彎抹角。

「在婚姻諮商中，這個問題會一再出現。只要有教友遇到家庭暴力，我會直接請對方趕快離開！」

因材施教

瑪吉．蓋洛威（Marge Galloway）不易受他人影響。她在德州、日本和俄亥俄州的中學擔任英語老師長達三十二年，她對學生的要求很高，令人敬畏、也受到許多讚譽。

但是我非常驚訝，每當有人想放棄時，她都會回說「沒關係」。我以為，嚴師會要求學生一定要完成作業，或是不准說喪氣的話。

蓋洛威解釋道：「有人在痛苦掙扎時，我絕不會袖手旁觀，而是會一起討論對策。」[12]她不相信孤軍奮戰是好事。「家長會說，出手幫忙會傷害孩子的自尊。我很討厭這種說法。我反倒認為這些家長的自尊都是建立在自虐上頭。」

放棄或堅持的平衡點在哪？如何從人性出發去教養孩子，而不是溺愛呢？

蓋洛威說，教學、教養和輔導是一門藝術，而不是科學。

「學生遇到困難時，我絕對不會跟家長說，『別讓他們放棄』。那不會是我的第一反應。每個學生都是不同的個體，要有不同的處理方法。」

有個年輕人想完成一份閱讀作業，但其難度超出他的能力範圍。「那天晚上，他的母親打電話給我，說他會熬夜完成功課的。但我覺得這不個好主意，就請這位母親跟兒子說，讀到十點就去休息。」

舉白旗時刻

我坐在餐桌旁度過了一個緊張的夜晚。那年我三十二歲，比典型的和平工作團志工年齡大了一些。我感到有一點不安。家人說：「妳正值結婚生子的黃金年華。妳真要跑到非洲去嗎？」接著我們吵了起來。但我想走進這個世界，增廣自己的視野。[13]

——蘿拉・韋伯（Lara Weber）

蓋洛威認為，放棄是種微妙的現象。有企圖心的學生都會苦撐下去，因為他們害怕讓老師失望。相反地，懶惰及叛逆的學生要在哄騙和勸阻下才能完成學業。

「我班上有位很有天賦的學生，他覺得自己表現不佳，不想再努力了。他的母親說，他每天回家只知道念書，也不跟我說話。我告訴她，請他放棄吧，家人的關係比課業更重要。」

蓋洛威的朋友蓋兒．赫茲勒（Gail Hetzler）在密西根州的小鎮學校教書。這四十八名學生從幼稚園到八年級都有。她告訴我：「小溪沒有結冰時，他們才有辦法洗澡。」[14]於是我就明白了，那不是一所貴族學校。

後來，她換到俄亥俄州哥倫布市的小學教書，後來又去愛許蘭大學指導實習教師。她和已故的丈夫撫養了三個孩子，他們的學習歷程都不一樣；有個女兒現在是小學校長。

赫茲勒常常面臨到「放棄的兩難」。有的學生不想寫功課，但有的學生卻直接放棄就學。她認為，一體適用的答案是不存在的。對放棄有偏見的人應該沒當過老師；這些孩子的個性、興趣和天賦都不同，不能只叫他們努力就好。

「我教過最聰明的學生是陶德，但他討厭上學，連一分鐘都坐不住。他高中沒有念完，生活上也出了問題。他的父母也是老師，對於孩子輟學感到非常難過。我告訴他們，只要他能找到自己的人生目標，一切都會好起來的。後來陶德學會設計網站、賺了很多錢，而且活得很開心。」

赫茲勒當然不鼓勵學生輟學，她相信教育的價值。但她也知道，每個人都是獨一無二的個體，對有些學生來說，放棄只是一個跳板，之後才能抵達更適合他們的地方。赫茲勒總結道：「陶德的父母希望他能走傳統的道路，但這對陶德一點意義也沒有。」

放自己一馬

你很在意別人對你的看法，這不是壞事。但不管你做什麼決定（包括放棄），都不可能得到所有人的認同。愛你的人想要給你最好的，但只有你自己才能決定「最好」的定義。跟隨你的心，即使旁人會失望，你也要勇敢地做出決定。

第十章

當放棄變成一種表演時……

對現代人來說，被看見等同於成功。但不要害怕消失，離開社交圈，離開眾人一會兒，看看在寂靜中能得到什麼。[1]

——演員麥可娜・柯爾（Michaela Cole）於二〇二一年艾美獎的得獎感言

〈女孩，洗洗你的時間軸〉（Girl, Wash Your Timeline），二〇二一年四月，《紐約時報》刊載了這篇有點挖苦意味的文章。[2]作者精準點出了現代人擺脫不了的困境。在社群媒體上，網友老是在留言中蓋樓歪樓，或是貼一堆令人眼花撩亂的動圖和表情符號，無論如何都要刷存在感。

這篇報導追溯了瑞秋・霍利斯（Rachel Hollis）的興衰歷程，這位自我成長大師寫過《女孩洗把臉》（*Girl, Wash Your Face*）、《女孩，別再道歉了》（*Girl, Stop Apologizing*）等暢銷書。霍利斯因此名利雙收，而《紐約時報》也用她的書名來反諷時下的文化。霍利斯建立了她的文化帝國，除了出書、寫部落格、做直播和播客節目外，還賣起了護理產品。她非常懂得用社群媒體來行銷，不過，當這位網路企業家翻車時，網友的憤怒和鄙視也排山倒海而來。

每個使用社群媒體的人都要提防自己的命運跟她一樣。放棄的儀式已經徹底改變了。以前的人感情出問題時，會大半夜地窩在沙發上，打電話跟好友哭訴，而且桌上還有吃到一半的大桶冰淇淋。而今，大家都會在社群媒體上高唱分手之歌，接受眾人的安慰（或嘲笑）。

這正是霍利斯經歷到的事。二〇二〇年，她被迫延緩一場大型聚會，並失去了十萬名IG粉絲。她在社群媒體上失言，粉絲因此質疑她不是真正的女性權益捍衛者。沒多久，霍利斯宣布離婚，她的粉絲大受打擊，因為她們大多是已婚的保守婦女，最喜歡聽霍利斯講讓感情升溫的幸福祕訣。

以往名人陷入醜聞時，不是被逮到吸毒、就是發生不倫或喝酒鬧事。但霍利斯所犯的錯誤沒這麼嚴重，問題就在於她的公開發言，而網路就是充滿懲罰者的地方。她的粉絲很生氣，紛紛留言灌爆她的網站，她也只好放棄預定的公開活動。

因社群媒體而生，也因社群媒體而死。

在網路上的表態很容易受他人影響

雖然我們不像霍利斯一樣在經營年收入數百萬美元的健康事業，但也都生活在網路上。以前只有政治家和名人要擔心「公關形象」，但現在有社群媒體帳號的人都要煩惱自己的公開發言。以前只有家人和朋友才會知道你辭職、離婚、喜愛的樂團和政黨，現在只需按一按滑鼠，全世界都知道你午餐吃了什麼。因此，我們比以前更容易受到陌生人和朋友的批判。在奈秒之內，我們就會被取消追蹤、刪除、封鎖，甚至被網路霸凌。

確實，類似的事情多少是我們自己造成的，因為是我們自願在臉書上分享這些私事。但社群媒體的力量不容忽視。網友從不睡覺，分分秒秒都在檢視你的活動。只要有人結束一段關係、搬到新房子或領養小狗，就會有陌生人添加意見。

因此，即便你不像霍利斯、瑪格麗特．愛特伍、金．卡戴珊這麼有名，你還是會被網路社會所影響，因為公開自己的決定與生活已經是常態。不過，看到網友評論自己的選擇時，的確會感到不安、尷尬。社群媒體強化了被評論的體驗，數學家凱西．歐尼爾（Cathy O'Neil）在《羞辱機器》（*The Shame Machine*）一書寫道：「今日，在網路羞辱機器的超速運轉下，一個小小的錯誤會變成全球性事件。在演算法的煽動下，無數的網友參與在這些戲劇性事件中，為科技巨擘提供免費的內容與宣傳。」[3]

不過，這股「公開做決定」的新潮流也讓勞工的權利上升了。到了二〇二一年，無數的上班族在Tiktok抖音上直播自己辭職的過程。所以網友們還創造出QuitTok這個名詞。[4]「想辭職」和類似的用語成了熱門標籤。網友會製作走出公司大門的短影片，有時是搞笑，有時是真的憤怒。一般的工作場所通常是階級分明，而老闆總是說話比較大聲。

用社群媒體表演辭職的不只有基層員工。二〇一〇年二月四日，昇陽電腦執行長喬納森．史瓦茲（Jonathan Schwartz）在推特上留下辭職訊息：「今天是我在昇陽的最後一天。我會想念它的。結尾只能寫個俳句：金融危機／誤了太多客戶／執行長下台。」

有權利公開講述自己的生活故事，其實有不少好處。大學的明星球員轉隊時，通常是由不甘願的教練來宣布這個消息，但現在不必了。馬里蘭大學籃球運動員奧烏蘇

（Ashley Owusu）於二〇二〇在ＩＧ上宣布她將轉學到維吉尼亞理工大學，她寫道：「我從來不會半途而廢，每件事都有始有終。遺憾的是，今年球場內外發生的事件很嚴重，我不得不做出艱難但必要的決定，到其他地方繼續我的學業和籃球生涯。」有了網路，她就可以說出自己想說的話，並決定何時發表，而不是讓別人替她發言。[5]《社群網路的心理動力學》（*The Psychodynamics of Social Networking*）的作者、心理治療師巴力克博士（Dr. Aaron Balick）表示，社群媒體的社交規則潛藏著陷阱。他告訴我：「在社群媒體上，身分認同都很明確。每個人都會經營自己的人設，也因此會影響自己的決策過程。」[6]

如果你常常在社群媒體上發文，就會強化自己的身分認同，後來你想改變立場就很困難，比如說辭去本來很熱愛的工作，或是結束表面上很幸福的關係。巴力克說：「社群媒體會迫使你選擇大家都認可的解決方案。」做關鍵決定時，你會預期那篇發文所得到的反應，而不是忠於你的內心和直覺。因此，真正做決定的不是你，而是眾多網友。但是，非正式的線上民調真的是經營人生的好基準嗎？

巴力克說，透過自己在網路上的人設，我們創造了一種身分和生活情節，一旦放棄的話，就得改變劇情的走向。他說：「所以大家寧願選擇撐下去，放棄的話要改變的事情太多了。但離開或留下只是一個選擇，沒有必然的好或壞，只有你和其他人為這個決定所添加的意義。」

公眾人物的退場方式

啊！那些美好的舊日子：政治家在現場採訪中怒氣沖沖地離開、名人召開記者會宣布退出某部電影的拍攝。這些傳統而老派的公關做法提醒我們，世界已經改變了多少。二〇二二年一月十二日上午，美國公共廣播電台的主播英斯基普（Steve Inskeep）跟川普進行電話訪談。一開始進行得很順利，然而九分鐘後，這位前總統堅稱，二〇二〇年的大選「被偷走」了。雙方開始口水戰，川普受夠了，他突然說道：「感謝你，史蒂夫，非常感謝你。」

英斯基普準備提出下一個問題時，才意識到他在自言自語。「他掛斷了，好吧。」他的語氣與其說是憤怒，不如說是感到不解和懊惱。

這並不是川普第一次在採訪中喊停。二〇二〇年十月二十日，他對「六十分鐘」節目主持人史塔爾（Lesley Stahl）的提問非常不滿，然後他就走了。他不是第一個擺出這種姿態的政治人物；在公開場合中，他們遇到不中意的情況時，都喜歡這樣落跑。此外，他們還有個經典動作，在氣沖沖離開攝影棚前，會扯下領子上的麥克風並拔出耳塞，同時低聲嘟囔道：「我不屑回答這個垃圾問題！」娛樂界、體育界和商業界的名人也都會這麼做，在燈光明亮、麥克風未關的情況下逃之夭夭。

想要踢開咄咄逼人的媒體並在公開場合宣告退出的人，還有吹哨者。在二〇二一年十月，臉書前員工弗朗西絲．豪根（Frances Haugen）在參議院的外交委員會作證了四天。她認為，公司毫不關心自家的演算法會侵害人權。在臉書工作了兩年後，她收集了一些數據，希望能證明自己觀察到的狀況。

豪根對議員說：「我今天站在這裡，是因為我認為臉書的產品會傷害兒童、助長社會分歧、削弱我們的民主。公司高層知道如何提升臉書與ＩＧ的安全性，但卻拒絕做出必要的變革，因為他們將天文數字般的利潤置於民眾的權益之上。」[7]她辭去了工作，並公開譴責她的前雇主。

調查記者基夫（Patrick Radden Keefe）在二〇二二年於《紐約客》撰文指出，有些吹哨者不會現身作證。接著他指出，聯邦政府準備立法，若員工私下舉報公司的犯罪行為，就可以獲得獎金。過去吹哨者要昭告全世界，才會有人認真看待他們的控訴。基夫寫道：「但有些人選擇低調作證。」[8]

豪根辭職後，在聽證會上提出爆炸性的指控。在這種情況下，放棄就是勇敢的行為，而且成功地對加害者還以顏色。

公開辭職可以用來展現對爛老闆的憤怒、不認同和抱怨，以及揭露公司不道德的商業行為。除此之外，它也可以用來傳達一些愉快的事情，比如在IG上貼上退休派對的影片以及環球旅行的自拍照。分享自己的新生活就不是在算舊帳。

梅莉莎·艾莉森（Melissa Allison）決定再婚時，內心充滿了喜悅和希望，但也有一絲惴惴不安。她的前夫深愛及尊重她，兩人離婚前也沒有任何矛盾或爭吵。許多不常聯絡的朋友都不知道發生了什麼事。她沒有時間或精力一一發送訊息，用電子郵件又顯得冷漠和隨便。

無論如何，消息還是會透過自然的行為（也就是講八卦）傳到朋友耳裡，但她不在乎那些閒言閒語。她親自對上百位朋友講述自己的故事，包括她如何放棄舊有的生活。

她該怎麼做呢？答案很簡單：寫臉書。

但過程並不容易，她得先上傳自己和女性伴侶在海邊結婚的照片，看看親友會怎麼回應。

「公開貼文真的很可怕，」艾莉森承認：「所以我稍微練習了一下。我先當面告訴親近的朋友，接著打電話給家人，最後透過電子郵件通知親戚。臉書好友來自四面八方，你的任何貼文都會受到評判。幸好我的臉友沒有隨意論斷我的第二次婚姻。我鬆了一口氣，尷尬的心情就漸漸消失了。」[9]

艾莉森在西雅圖的房地產公司工作，結婚多年後，在一次的靈修活動中認識黛博拉。談到她與前夫的關係，她說：「相處起來還算愉快，只是我無法全心投入。我想，當中一定有我沒發現的因素。」

艾莉森說，離開前夫、改嫁給黛博拉是個極為痛苦的決定。「我對前夫有很多愧疚。但長久以來，與他相處的感覺都不太對。當我意識到這一點時，才慢慢走出困境，去追求自己想要的人生。」

一開始，她以為辭職能讓自己安定下來，但問題卻更加嚴重了，所以其實跟工作無關。

舉白旗時刻

我愛我的貓，也很愛西雅圖。但不知道為什麼，我一直在尋找某種東西。最終我找到了自己。過去我沒有為自己多做一點事情，所以痛苦才日漸加劇。就在意識到這點的那一瞬間，我改變了。

——梅莉莎・艾莉森

舉行結婚儀式後，她和妻子在夏威夷買了一棟房子，並找到了遠距工作的機會。工作日結束後，她們常常去浮潛，與兩隻貓和一隻狗共度時光。她們也會一起整理花園，栽種鳳梨、木瓜、香蕉、酪梨和橘子。

她承認，公開自己離婚並再婚的過程，其實非常危險：「有些網友會把我貼上『離婚婦女』的標籤。但他們只是有樣學樣地說些廢話，展現從大環境接收到的偏差觀念，而不是客觀地看待事情。」

公開放棄的娛樂性

普羅大眾愈來愈沉迷於公開宣告自己的決定，名人更是熱衷於此。在接受訪問時當場變臉離開，這樣的傳統依舊存在，也一樣令人厭惡。

「我遭人汙衊！就像被活埋一樣！但我還活著！」勞凱利說。

這位名譽掃地的歌手遭指控犯下勒索、賄賂和性剝削等罪行，並在二〇二一年被宣判有罪。二〇一九年三月，他接受CBS新聞節目主持人蓋爾・金（Gayle King）的訪問時，還情緒失控地說：「我沒做這些事，這不是我的風格。我正在為我該死的生命奮戰，但你們全都想置我於死地！」他憤怒地中斷訪問，踉踉蹌蹌地離開了現場。

在現場連線的電視和廣播節目中，當事人公開放棄的舉動是最吸引人的橋段。聽眾和觀眾會全神專注地等著，因為他們知道有大事要發生了，而且這是上班時最好的話題了。

但除了娛樂性之外，公開放棄的吸引力到底哪裡呢？雖然當事人的反應是不可測的，但可想而知，勞凱利當然不會留下來回應主持人的指控，川普也不會有耐心地解釋自己的問題。放棄是錯誤的行為，在眾目睽睽之下放棄更是錯得離譜。因此這些名人一次踩到兩個傳統的文化地雷：你不該放棄，更不該高調地放棄。但我們一再被這些生動的場面所吸引，有時還會自己跳上台表演給大家看。

那麼，在網路上放棄有不成文的規則嗎？

網路的確是極其自由、不受約束的地方，唯一的規則就是沒有規則，無需遵守正常的社交禮儀。這種無政府狀態正是其魅力所在。網路上總有新鮮事，讓人一直感到興奮不已。但是，想要告訴世人你老闆是混蛋或你伴侶是會偷吃的廢物時，要考慮一些原則。首先，學習愛德華的做法，而不是尼克森；其次，挑選對的時機。

如果歷史上那些君王活在二十一世紀，應該會用推特來發布他的重大決定。一九三六年，英國國王愛德華八世坐在溫莎城堡內，透過廣播系統向英國人民表達他的決定。他緩慢且堅定地說：「數小時前，我履行了我作為國王和君主的最後職責。」他宣布自己將放棄王位，與華莉絲．辛普森結婚；後者是離過婚的美國女性，理論上不能成為王后。

與愛德華的口才相比，尼克森的告白就不太理想。在前網路時代，尼克森總統曾兩次在現場記者會上宣布離去。第一次發生於一九六二年，他競選加州州長失利，於是自憐自艾地發火了。這位大人物所說的話很任性，跟一般勞工在抖音上發布的辭職影片沒什麼兩樣。

那天，尼克森對聚集在希爾頓飯店的記者們說：「各位女士先生們，你們以後再也沒有機會修理尼克森了。這是我最後一場記者會。謝謝，祝你們有美好的一天。」

尼克森繃著臉、悶悶不樂地告別，但後來還是重返公眾生活了。歷史學家羅伯特．施繆爾（Robert Schmuhl）表示，時機是關鍵，他解釋道：「一九六二年參選州長失利後，局勢又有許多變化，包括甘迺迪總統被暗殺、越戰陷入膠著、國力衰退、金恩博士和參議員羅伯特．甘迺迪也遇刺身亡、各大城市發生暴動等。因此到了一九六八年，尼克森前次失敗和他說過的洩氣話也不再那麼重要了。」[10]

除此之外，當初尼克森的形象沒有崩壞，是因為以前的觀眾沒那麼多。施繆爾強調：「當年沒有什麼半小時的網路直播記者會。再者，那時新聞的影片和照片也不多。尼克森的記者會有人錄影，但不像現在會有人不斷在網路上轉傳。當時紙本刊物比較有影響力，但還是不及現場直播的效應。」

一個成年人當場失控的精彩畫面，會變成歷史上的經典時刻；文字的力量還是不及鮮活的影像。尼克森很幸運，他大鬧脾氣時推特還沒有問世，否則他會被網友的巨量負面留言給壓垮。

一九七四年八月八日，他因水門案辭去總統職務，但當時的媒體生態已完全改變。數百萬人觀看著電視聯播網，聽他發表辭職的公告。

然而，在那個關鍵的歷史時刻，國家的世界情勢危急，數千萬雙眼睛盯著電視，尼克森仍然對一件事格外敏感。他不想被當成意志薄弱、無法堅持到底的人。稱他為騙子、卑鄙小人、不擇手段的操縱者都沒關係，對他而言，最糟糕的侮辱只有一種。

尼克森語氣堅定地宣稱：「我從來就不是個放棄者。」

別讓網路變成你的現實人生

第二個訣竅是時機。的確，分享生活瑣事、跟網友互動是很有吸引力的事。社會觀察家福蘭甘（Caitlin Flanagan）在一篇有趣又寫實的文章中寫道：「推特就像一盞不斷閃爍的紅燈。」她想在二十八天之內戒掉推特。「推特是一種寄生蟲，它鑽進你的大腦，訓練你對按讚和轉推的下意識反應。推特上有永不間斷的社交回饋。」[11]

讓人人都知道你的生活景象，這種誘惑非常強大；分手、辭職、跑完馬拉松之後鐵腿，每件事都可以分享。因此，我們已習慣在眾目睽睽之下過生活。雖然如此，克制一下還是比較好。獨立記者洛蒂安—麥連（Moya Lothian-McLean）有篇文章的標題很直白：「我的生活建立在過度分享之上，直到我了解它的代價以及體會到保有隱私的平靜與快樂」(I built a life on oversharing – until I saw its costs, and learned the quiet thrill of privacy)。她表示：「我用網路貼文來打造真實的生活。」直到最近，她才體會到不在網路上分享生活的幸福感。她表示：「我重新獲得生活的力量，雖然我不知道自己犧牲了多少精力在網路上。」為了公開分享生活上的點滴，你放棄了自己許多真實的面向。意識到這一點後，你應該會想退一步，下次發文時變得更加明智且謹慎。

洛蒂安—麥連指出：「愈來愈多人在抵制過度分享的潮流，包括歌手泰勒絲和英國的青少年都開始主張自己的隱私。」[12]

好好想想，你做過的事、決定放棄的事，有需要攤在檯面上供人評論嗎？的確，減少網路貼文並非一蹴可及的事。諷刺的是，正因為社會上對放棄的偏見與汙名化，反而讓我們更想要與網友分享自己的放棄決定。挑戰權威是人類的天性，我們不喜歡被其他人的人生觀與價值觀所困住。我們想為自己做決定，包括何時該留下、何時該離開。

我們過於熱情地擁抱網路世界的自由。如今，我們已從疫情的封鎖中重獲自由，但仍習慣掛在網路上。現代人過於開放、坦承一切，但不懂得防備陌生人並謹慎以對。

英國歌手愛黛爾總是對歌迷直率說出自己的身材焦慮，也在多個公開場合上談自己離婚的事情。她總是用正向的角度詮釋自己當前的狀態。這種態度惹怒了英國記者英迪雅（Freya India），她在《觀察者》（*Spectator essay*）雜誌中撰文寫道：「如今，離婚就是愛自己、勇敢做自己，而不是一場悲劇。分手不用愧疚，值得好好慶祝一番，接著就能重頭來過。」[13] 但英迪雅忽略了，這位歌手在社群媒體以及接受訪問時所展現的勇氣，她想表達自己和孩子都過得很好。結束長達十年的戀情，愛黛兒還是樂觀面對生活。在過去，世人總是預期女性離婚後會暗自傷悲、遠離人際關係，彷彿人生沒有希望。但這位歌手卻常常侃侃而談分手後的喜悅。

愛黛兒的公開放棄等同於反擊社會的性別歧視。她彷彿在跟世人說：「我過得很好。要如何生活、過得快樂，都取決於我自己，而不是你們的看法。」當然，公開放棄不一定是最好的做法，但重點在於，決定權都在你自己的手上。

放自己一馬

你喜歡分享生活的點滴，包括你對工作、學校、人際關係的重要決定。但網友的意見增加了放棄的風險，在你準備好之前，不要被網路誘惑而事事昭告天下。

第十一章
找回人生，你我都是放棄者

放棄大部分的希望後，我重新找回快樂的能力。[1]

——社會學家哈思—哈里斯（Keith Kahn-Harris）

艾美・狄金森喜歡各式各樣的人，這正好，身為生活專欄作家，她的任務就是傾聽人們抱怨生活，包括瑣事、傷痛、失望和煩惱。這也讓她了解到，生而為人、世事無常的道理。狄金森渴望加入更大的志業和群體，以超越自身有限的價值。因此，若有非營利組織邀請她加入時，她應該會充滿感激地馬上同意。

那麼，為什麼她後來又改變主意呢？

「老實說，直到二〇二〇年六月九日之前，我根本沒想過自己會放棄任何事，」她告訴我：「那天是喬治・佛洛伊德（George Floyd）的葬禮。我決定放棄『美國革命女兒會』

的會員身分。幾個月前，他們才大張旗鼓地歡迎我加入，成為他們的第一百萬名成員。」該組織還計畫要辦一場「全國媒體快閃活動」，並宣布她光榮的新身分。[2]

美國女兒會希望狄金森加入團隊，因為她是全國知名的專欄作家、著作本本暢銷、還是全國公共廣播電台的常客。她講話時生動又有魅力，也有大批忠實的追隨者。在她接受這項任務後，佛洛伊德被白人警察毆打致死。她感到心碎又憤怒，對於種族歧視的現象更加厭惡。於是，她告訴女兒會的幹部，為了免除大眾的疑慮，她將公開討論組織過往的種族歧視行為。

舉例來說，在一九三九年的復活節，女兒會拒絕讓黑人聲樂家安德森（Marian Anderson）在憲政廳演唱，因為組織的合約中有「僅限白人」條款。在人民對抗種族歧視的漫長歷史中，最鼓舞人心的時刻，便是安德森在林肯紀念堂的台階演唱《為妳，我的國家》（My Country 'Tis of Thee）。現場成千上萬的民眾在聆聽時都激動不已。[3]

「他們需要繼續透過這個視角審視自己的歷史，畢竟，這是一個執迷於歷史的組織，」狄金森說：「但主席不贊成這麼做。」經過一番反覆討論後，狄金森仍不滿意他們的回應方式，畢竟種族平權運動已席捲全國。「局勢迫使我採取行動，我馬上就決定辭職。或許一開始我就不應該加入，」狄金森繼續說：「但就像很多無法放棄的人一樣，我會強迫自己去做一些事，因為我沒有勇氣拒絕。離開之後，我才體會到自由的滋味。」

接下來是她的「退出巡禮」。半年來，她一直想退出一個線上讀書會。「我真的沒有時間參加Zoom視訊會議。但其實我不喜歡這個讀書會。我本來想編出一堆謊言和藉口來解釋。但後來我簡單地說，我不想再繼續下去了。」

狄金森總是遲疑不決，即使她知道放棄是正確的舉動。雖然那個工作令她不愉快，但放棄的話就等於要離開某一群人。群體帶來某種生活環境，讓我們不再感到自己在宇宙中孤單飄盪。群體是一種黏著劑，讓我們與他人產生連結（和束縛）。有時我們會感到生命輕如鴻毛、虛無飄渺，彷彿隨時會飛離地球表面。是的，放棄能讓自己自由，但也會失去他人的支援和穩定力量。雖然有時它會拖累我們，但也能帶來安慰。「獨立自主」是把兩面刃。

放棄自己才有成長的空間

《減法的力量》作者克羅茲教授說：「放棄後，你就不再屬於某個群體，還可能被排擠和汙名化。」[4]

「決定」（decide）這個字有暴力的含意，因為第二音節的拉丁字根是「殺掉」某個對象，如「弒君」（regicide）、「謀殺」（homicide）、「殺蟲藥」（pesticide）、「自殺」（suicide）。放棄可帶來解脫和滿足，但有時也會令人後悔莫及。

你不再是某個團體、某個社交圈的一員了。

離開工作、好友、家庭、團隊、宗教信仰或做生意的點子，就等於放棄某些活動、希望或地位，也會失去了與他人的親密感。因此，我們才會擠進體育場，坐在寒風中與其他球迷取暖，而不是穿著舒適的睡衣，輕鬆地待在家裡看足球比賽。

窩在歡樂又熱鬧的人群中，是很棒的感覺。但你決定離開某單位後，就會失去這種安穩的感覺，你的重擔卸下了，但也會感到孤獨。你不會出現在職員名單上，公司網站上也不會有你的照片和簡歷。

因此，我們都不願意放棄明顯對自己無益、甚至會帶來傷害的事情。因為我們得遠離熟悉和預期中的人事物，走向陌生、甚至危險的環境。

你離開了工作或伴侶後，也許會處於一片混亂中，失去連結和安慰你的人。你會感到迷惘、沒有方向和歸屬感。好消息是，接下來我們會建立新的連結。范德寇在《心靈的傷，身體會記住》一書中寫道：「在文化的影響下，我們只關心自己的獨特性，但在更深的層次上，我們不是獨立的個體。大腦的各項功能是為了幫助我們成為群體中的一員。」[5]

普立茲獎得主、專欄作家康妮・舒茲（Connie Schultz）告訴我，放棄是一種情感、思想和精神上的挑戰。她採訪過許多人，因此她深信，放棄有很多種，而每一種都需要不同的勇氣。

辭掉工作是一回事，它只是生活中的一部分。但放棄當下的自己是更大的挑戰，因為你對自己有更多的期待。

舉白旗時刻

在真正離職前，我的心早已不在了。我工作做得很好，但總是獨自一人做事。現在我的內心已有所成長，更不想回到離職前的樣子。我那時老是在孤單害怕，視野也很狹隘。離職後，我學會當個好朋友、好老師。人生的經歷讓我有所成長，而這些智慧我也會傳承下去。[6]

——康妮・舒茲

「換工作其實不難，」她說：「但要改變自己的心理狀態就不容易了。為了容納新的人際關係和經驗，我們就得創造出心理空間。如果你一直忘不了那些攻擊和羞辱你的人，就很難獲得成長。」舒茲認為，人都有改變的可能性，也有機會在不同的環境發展。正如她有各種身分：記者、小說家、大學教授、母親、祖母以及參議員施諾德・布朗（Sherrod Brown）的妻子。

先擺脫生活中行不通的部分，舒茲說：「這樣才有餘力接觸新的事物。我們每天的能量都很有限。放棄自己需要保持安靜和柔軟，接下來心胸才能更開闊。」

派蒂・畢爾斯（Patty Bills）非常了解夢想的力量，它能激發出我們改變生命的動力。八年前，她放棄了聯邦政府的工作，成為一名全職藝術家。當公務員的薪水、福利都很不錯，但只有一個小問題，畢爾斯說：「它在扼殺我的靈魂。」[7]

十多年前，她和丈夫湯馬斯搬到懷俄明州東部。他們喜歡這個地方荒蕪崎嶇的風景，而且日出的景象千變萬化。相比之下，她以前在林務局管理車隊就無趣多了。

畢爾斯參加了陶藝課，並愛上這項手工藝術。她喜歡做馬克杯、杯子、盤子、托盤和花瓶，還會在上面手繪野生動物並上釉燒製。在畢爾斯的作品上頭，有麋鹿、翱翔的鳥類和好奇的熊。

她還會在馬克杯上畫鱒魚，捕捉牠從水中躍起的那一刻，而她自己也在二〇一五年跳出舒適圈。

「工作壓力很大，我也愈來愈厭惡它，所以我辭職了，並成為一名全職的陶藝家。」在她遞出辭呈前，其實內心也是有些許不安。她說：「我已經習慣每個月收到同樣的薪水。我們有房貸、還有一個十三歲的孩子要養。其實我很害怕，但我的陶器有人買，我想自己應該能經營這個事業。」

舉白旗時刻

我真的受夠了。我告訴父母說我要辭去工作。他們叫我要好好考慮一下。在我辭職兩週後，我女兒說：「媽媽終於回到我身邊了。」

——派蒂．畢爾斯

早在她辭職前，畢爾斯就已經在各地的藝廊和禮品店寄售她的作品了，而且賣得很好。雖然創業有風險，但這是她深思熟慮後的決定。她去上了管理課程，因為她明白，靠藝術謀生不僅需要天賦，也要有商業頭腦。

新冠疫情爆發時，她感到非常沮喪，藝廊和禮品店都關閉了，更不會有展覽和藝術家駐村的活動。幸好她還能透過網路賣東西，但那段日子很難熬。

如今世界又再度開始運轉了，她笑著說：「我正努力趕出禮品店要的商品和展覽所需的作品。我熱愛我的工作，我與泥土為伍，也就是地球的碎片。有時，我真的很感激聯邦政府送我的最後一根稻草。」

她接說：「有時候，我們必須先讓腦袋停止轉動，不要津津計較一些數字。如果我沒有冒險，就不會有現在的事業。雖然過程中有點害怕，但也帶來許多快樂。」

放棄要慢慢來，不要當成解決問題的捷徑

提姆・班農（Tim Bannon）在伊利諾州的埃文斯頓長大，曾任《芝加哥論壇報》編輯，也是一名優秀的運動員。他身材高大，動作敏捷，大腿強而有力。他在高中時玩美式足

球和橄欖球。進入俄亥俄州的邁阿密大學後，他想要加入美式足球隊並擔任踢球員。他寫信給總教練迪克．克拉姆（Dick Crum），保證自己可以踢出五十碼的球。

班農回憶道：「不到一小時，我宿舍的電話就響了，克拉姆說：『讓我看看你的能耐。』球場上就只有我和教練團。我隨心所欲地把球踢往任何方向。最後他說：『孩子，幹得好。你是球隊的一員了。』但在那之後，事情就沒那麼順利了。」8

在全員到齊的第一次訓練中，克拉姆叫班農出來踢球，而眼前七碼遠有十一個傢伙在盯著他。第一球踢出去了！隨即打中了中鋒的後背。接下來的踢球同樣令人尷尬。班農的體能很好，卻沒有運動員的心理素質，他說：「你必須學著面對眾人的關注。」

接下來幾週，他都在坐冷板凳，接著便退出了球隊。那個賽季（一九七五到一九七六年）的邁阿密足球隊令人難忘，因為最終排名進入全國前二十名，而班農原本是其中的一份子。

「我感到非常遺憾。我沒有意識到這個機會有多麼難得。我的人生本來會走往體育界。雖然我後來的發展也不錯，但我很後悔在離隊前沒有多努力一點。」

事實上，我們常會對放棄的決定感到後悔。班農說，他在教養孩子的過程中，一直記著當年退出球隊帶給他的教訓。每當孩子想放棄某項運動、樂器或嗜好時，他會跟他們一起討論。他說：「我很後悔退出球隊，所以我不太可能讓他們輕易脫身。我會請孩子們說說看，為什麼他們會有想放棄的念頭。」

班農希望自己當初能留下來。但許多人反而會後悔自己幹嘛撐下去。朱利安・拔恩斯（Julian Barnes）在其小說《唯一的故事》（*The Only Story*）中談到，有些人覺得放棄很麻煩，所以才一直過著心不甘情不願的生活：

在我的一生中，我見過許多朋友不想離婚，於是告別婚外情的對象。他們的理由都一樣：「這太不切實際了。」婚外情的對象住得太遠、火車班次很少、兩人的工作時間不協調。他們還有房貸要繳、有孩子、有狗要養，更別說夫妻所共有的財產。「我只是懶得整理家裡收藏的唱片。」有位人妻這麼告訴我。[9]

這與唱片當然無關。放棄與否會影響到你人生的歸屬，以及當生命走到盡頭時，你是否會後悔當初所做的選擇。

阿加瓦爾博士（Dr. Gaurava Agarwal）的建議很簡單：「超越放棄的思維。」許多醫生前來找他訴苦，說自己已精疲力盡、不想再做這份工作了。這時他就會反問：「然後呢？」[10]他的意思很清楚：「他們認為放棄是好事。但好在哪裡？夢想中的田園之地——它並不存在。」他告訴我。「所以，我會對進來的人說，『放棄然後呢？』」

阿加瓦爾博士是西北大學醫療集團的教育主任，當醫生們壓力大、疲勞、精神耗弱快要崩潰時，就要找他解危；而他本身是精神科醫生。

「我會問他們，有沒有辦法重新塑造自己的工作模式。」

阿加瓦爾說，對於長期存在的問題，放棄是迅速又簡便的解決辦法。但是，冰凍三尺非一日之寒，解決問題也要慢慢來。

他說：「雖然總會有壓垮你的最後一根稻草，但它不是問題的主因，而是許多狀況慢慢積累而起的。」遇到棘手的問題時，與眾人逐一討論及處理，就會有解決的機會。「不管是遇到婚姻或工作問題，我都會理性、按部就班地與當事人一一探討原因。談完之後，他們就會發現還不用到放棄這一步。」

以前有個醫生告訴他，她內心有個聲音一直在催促她放棄。博士慎重地回答她：「我的直覺告訴我，那個聲音並不是那麼可信。妳心裡總還有其他聲音，不妨多聽一下。」

在新冠疫情的最高峰時期，無數的醫療人員紛紛不堪負荷而離職。阿加瓦爾指出，就算在非疫情期間，醫院還是壓力大、要求多的工作場合。他解釋道：「一般民眾都覺得，這不僅是一份工作，更是一種使命。但醫護人員不見得是有韌性或適應力強，而只是在苦撐著。當壓力累積到一定程度時，他們就會崩潰。」

放棄看起來是一勞永逸的解決方案，不過你也會因此離開在情感和實質上支持你的同事。所以博士才會問那些醫生，辭職後有什麼打算。

只要對方支支吾吾地，就代表他不是真的想要離開。不當醫生也是一種選擇，但他只是希望對方能在深思熟慮後做決定，不要因為一時的挫敗而衝動行事。

葛倫・沃西（Glen Worthey）在帕羅奧圖市生活了二十二年，他是史丹佛大學的圖書館員。在三年前的除夕夜裡，他和家人駛進了伊利諾州的香檳市，當地只要一進入冬季，冷風、霜雪就永不停歇，當然也看不到棕櫚樹。

「我在史丹佛的生活很穩定，可以有所改變、展開新的冒險了。」他告訴我：「我剛到這裡時，一聽到我之前在史丹佛大學工作，大家的反應都是：『你瘋了嗎？』不過，我有個研究所朋友住在這裡，他很喜歡這裡四季分明的氣候變化。現在我也愛上它了。」[11]

沃西的人生很戲劇化，除了在寒冬夜裡搬家，他在伊利諾大學的研究單位找到新工作後，就和妻子就分居了。

「我一直在猶豫要不要離婚，」他說：「這段婚姻不太完美，夫妻兩人也已陷入毒性關係中。但我一直覺得自己擁有超人般的毅力。」所以他花了一段時間才決定要離婚。

他習慣緩慢地離開，這跟他早年的經驗有關。沃西是在摩門教的環境中長大的，生活各方面都離不開它。他念教會開設的楊百翰大學，接著去俄羅斯念研究所。回來後，他意識到自己有些變化：「疑惑接踵而來。我發現自己並不真正相信上帝。但我花了很長一段時間才認清自己是個無神論者。」

放棄信仰不光是思想的問題，他也離開了與教會有關的社交圈。教友可說是他的家人，長久以來給了他許多安慰與支持。朋友和親人都理解他的決定，但他知道自己會失去生活中最熟悉的人事物，像是習俗、儀式和穿著。他不再相信這個教會的戒律，所以他並不後悔，甚至希望自己能早點看清現實，而不是歷經多年的審慎思考才離開。

他說，自己做事一向是這麼猶豫。在改變方向之前，只要條件允許，他總是慢慢來。

他說：「在念大學時，我同時主修物理、英語和俄語，因為我無法放棄任何一項。」

在放棄的路上，你並不孤單

我們都是放棄者聯盟的成員。

其他人也和你一樣放棄過許多事物，現在也活得好好的，甚至很有成就。得知這個事實，你應該會感到很安慰。有時，直到你自己面對生活的危機，才會發現其他人跟你有一樣的遭遇。

當我聽瑪格麗特．瑞克（Margaret Renkl）的故事時，我非常驚訝。許多情節都很相似性，包括老爸出手相救。

瑞克著有散文集《晚期遷移：愛與失去的自然史》（*Late Migrations: A Natural History of Love and Loss*）。在書中，她寫到自己離家去念研究所，但她厭惡那個環境，因此感到非常痛苦。於是有天晚上她打電話回家，而父親接起電話……

接下來的故事發展你也知道，跟我在前言所寫的遭遇一模一樣。只差當年她二十二歲，而我是在十九歲時崩潰；她的學校在費城，而我那時住在摩根敦。我們的經歷很相似，都在陌生的城市念研究所，並因此感到無所適從、焦慮且困惑。白天，瑞克得聽那些教授們說著憤世嫉俗的言論；他們說文學沒有意義。太陽下山後，她又得面臨其他的威脅。

瑞克住的公寓環境很糟，她寫道：「整個晚上，貨車的齒輪聲在轉角紅綠燈處轉動；四層樓下方，陌生人在黑暗中低語及咒罵。」[12]她想念南方家園的自然美景、鳥鳴聲和紅色的土壤。我也很想念家鄉的點滴，只是當時的我無法像瑞克那樣充分地表達心聲，因為我悲傷不已、對什麼事都很麻木。

我沒有堅持下去，她也一樣。她打電話回家後，父親就說：「快點回來吧。」這招確實奏效了。接下來，她開啟了另一扇人生的大門：「之後多年我都過得很幸福，我跟一個好男人建立家庭，又找到一份有趣的工作。學業這場競賽我輸了，但我聽了父親的話，找到了自己的一片天。」[13]

當然，她當初並不知道，輟學後自己會變快樂，也許事情會更糟。她也沒預料到自己會考上另一間研究所（而且是在她深愛的南方），接著遇到她的丈夫、進而組成美好的家庭。她更沒想到自己會成為《紐約時報》專欄作家。

瑞克放棄了一個群體（費城的研究所）、回到家人身邊後，情況的確變明朗了。但之後她得面對其他的失敗和風險。

瑞克搭乘紅眼班機離開研究所，讀到這一段時，我感到如釋重負。在摩根敦的崩潰之夜雖然是多年前的事，但我還是一直在自責和焦慮：當初放棄學業是對的嗎？應該要堅持下去嗎？

讀到瑞克的散文時，我內心激動不已：

> 有人也這麼做了。有人也在陌生城市的小公寓裡嚇得縮成一團，害怕這所有的痛苦和困惑會永無止息。但她離開、也逃脫了。放棄是好的。內心發出求救訊號時，就應該這麼做。

放棄是一種彈性策略

放棄是最後一招。在電影、影集和小說中，主角在經歷一連串的挫折和羞辱後，最終崩潰、爆炸、失去理智。他們沒有考慮後果，所以才會完全失控。

但事情真有這麼可怕嗎？記者德瑞克・湯普森（Derek Thompson）在二〇二一年寫了一篇文章，談到新冠疫情所引發的辭職人數創新高。他指出，辭職有積極的一面，就看你站在哪個立場：「在生活中，放棄會飽受眾人批評，因為它與悲觀、懶惰、缺乏自信有關。然而，從勞動經濟學來看，辭職是好事，它代表勞工對未來持樂觀態度，以及想做新的事情。」[14]

在科學上，放棄是關鍵的一步。如果你執意堅持舊的想法，就不可能找到正確的想法。加州大學柏克萊分校的物理系教授穆勒（Richard A. Muller）說，科學界以外的人會視自己的領域為堅不可摧的堡壘，並誤認為科學家很少改變主意。他告訴記者：「他們沒有意識到，科學家花了許多時間提出新理論，以推翻舊的想法。」[15]放棄錯的理論，科學才會進步。

放棄是一種人生策略，而從長遠看來，它比堅持還要好；放棄過的人都能同理他人的處境。此外，放棄有助於生存，大腦的許多功能是為此而存在的。

喬治・波南諾（George A. Bonanno）是哥倫比亞大學的臨床心理學教授，他對悲傷和療癒進行了開創性的研究。在其著作《彈性心態》（*The End of Trauma*）中，他探討了人們處理情感創傷的方式。

閱讀他的著作時，我隱約覺得，他認為放棄是一種資產。波南諾有一套自創的「彈性程序」，而放棄是最後一步，它也可以有效緩和情緒上的緊繃。衡量當下的情況，評估目前處理問題的方法是否有效；無效的話，就該設法做出改變。

不管用的應對機制就該放棄，正如不對的環境就該離開。若你採取的步驟無效時，就去嘗試其他的方法。

他寫道：「彈性不是被動的程序。經歷創傷後，我們必須在痛苦掙扎中找出最好的解決方案，然後不斷調整。換句話說，我們必須保持彈性，弄清楚發生了什麼事，以及如何處理它。還有一個關鍵的修正步驟：判定我們所選擇的策略是否有效，是否要改採其他方法。」[16]

幸運的話，我們就不需要去承受可怕的戰爭創傷、情感和身體的虐待以及意外事故。波南諾在書中提供一些方法來緩解這些痛苦，我相信他的見解也適用於生活中的不順遂。

只要能有效運用，放棄就是一種工具、選擇和轉折點，而不是失敗。我們才剛開始學會這個方法，希望以後能更加熟練。

「大多數人都有心理韌性，」波南諾寫道：「也許要足夠的彈性，才能在特定情況下決定什麼是正確的行為，然後用它來適應環境並繼續前進。」[17]只要主動停下來，就能找到另外一條路。

我試著簡化波南諾那繁複的理論和技巧：想到某件令人不安的事情時，問自己這四個問題：發生了什麼事？我需要做什麼？我能做什麼？實行的話有效果嗎？

他寫道：「策略無效時，自己的身體會有所反應、旁人也會有所表示，這時就需要修正或嘗試其他方法。要特別指出的是，這些並不是罕見的能力。它們只是人類思維中被低估的特質，而這可以透過後天的培養去增強。」[18]想要克服過去的創傷，就得多多利用放棄的生存本能。

我們無法改變發生在自己身上的事情，但可以用其他的角度看待令人不安的過往和當前的困境，以幫助自己復原並繼續前進。定期檢查並評估某些行動的有效性，看看是否有所進展？一開始就走在正確的道路上嗎？

轉換跑道才是生存的最佳策略

放棄是一種未被充分利用的強力工具。許多人不把這種策略視為合理的選擇，而是看成妥協或失敗。放棄是尚未開發的田地，能產出無限的能量和靈感，我們卻因為錯誤的觀念而避開它。大家都說，放棄不是好事，除非應用在戒除犯罪、吸毒或吃甜食等。但事實上，許多動物都把放棄當成生存的策略；這就是放棄的價值與效用。

當然，有時放棄是錯的，根據不同的情況和當事人，就會有不同的解決方案。然而，放棄大多是第一時間被排除的選項。

不加批判地接受堅持的價值，從長遠來看，就會對世界的不公不義更加麻木不仁。社會的弊病很多，只要是能解決的，我們都應該努力去面對。

女權律師卡米納說：「沒有公式可以告訴你，什麼時候應該堅持，什麼時候應該改變方向。有時要繼續前進，有時要停下來。」[19]

然而，要做出這樣的判斷很不容易，因為放棄不是好事。一般來說，堅持下去、繼續前進（即使你覺得不大對勁），比較會得到眾人的鼓勵。毅力被包裝成迷人的禮物；它是文明進程的推力，可以把火箭推向天空、把船放入海洋、把疫苗裝進針筒裡；而放棄則等同於懶惰、馬虎和失敗。

然而，一旦我們褪去毅力的緞帶，剝去它外層的虛飾，就更可以看得更清楚，為了保障自己的生存，最好早點轉換方向，就像其他動物一樣。

因此，下次面臨抉擇時，確認一下你的決定是經由自己認可，或只是害怕被當個放棄者？它是你真正想要的，還是別人認為最適合你的？

更進一步想想，就算被當作放棄者又何妨？從不同角度看待放棄，不再把它當成失敗，它做為人生策略的潛力便會顯現出來。甚至往後會有人讚揚這個做法。「放棄時，就是在為自己的人生做決定，」《任性》一書作者斯皮奧塔說：「活著就是要冒險。如果你不願挑戰另一種生活，就等於放棄求生存的義務。」[20]

演員克拉克．密道頓（Clark Middleton）於二〇二〇年去世。對於身體有缺陷的人來說（像他一樣），自怨自憐是一種誘惑，但你可以放棄這種態度，就像辭掉工作一樣。他強調，放棄讓你自由。受到幼年型類風濕性關節炎的影響，密道頓行動不便、身材特別矮小，但這些都沒有阻礙他成為出色的演員。在《追殺比爾二：愛的大逃殺》、影集《雙峰》和《諜海黑名單》等作品中，都可以看到他精彩的表現。

密道頓有次在倡議團體中談到：「若把身上的殘疾視為一定要打敗的對手，你就會變成受害者，等著被它操控。不如重新定義它，學著與它成為朋友、一同共舞。」[21]這個想法令人振奮。對於負面、可怕又令人不安的事，你可以將其視為仇敵，否定、拒絕或擊退它。但你也選擇可以和它和平共處，把它當作你生命的一部分。

你可以擁抱放棄，與它共舞。

放自己一馬

對於那股想要放棄的衝動，你一直視為必須戰勝的敵人。但試著把放棄想像成你人生的好朋友。這個生活策略富有啟發性、能為你帶來動力，開啟人生的無限可能。傾聽你的心聲，在你感覺需要時勇敢放棄，就能茁壯成長。

後記

放棄和原諒是一輩子的課題

深奧真理的反面也是另一個深奧真理。[1]

——物理學家波耳

「放棄不了」左右了我父親的人生。

詹姆士．凱勒從十五歲就開始抽菸。他在西維吉尼亞州的貧困家庭長大。無論是什麼出身，阿帕拉契男孩都喜歡用抽菸來耍酷招搖。當他成年並擁有妻子和三個孩子時，我父親總算發現，抽菸是他人生中最大的悲劇，但為時已晚，他無法放棄。

他沒有隱瞞對這個習慣的厭惡。我姊姊凱西十六歲時躲在車庫裡抽了幾口萬寶路，父親不光是生氣，還感到悲傷。他說：「我寧願看到妳的手被砍掉，也不想看到妳手上拿著那根香菸。」他想讓她知道事情的嚴重性。父親是思考嚴謹的數學家，他通常不會講這麼誇張的話。但他太傷心了，抽菸是如此傷身，他不想看到女兒重蹈覆轍。

我童年都活在父親戒不了菸的陰影中。許多人的童年都一樣，家人有些不健康的習慣，如酗酒、嗑藥或暴力相向。

父親一直戒菸不成功，挫敗感在過去數十年來愈滾愈大。首先，他會儀式性地丟掉藏在廚房抽屜裡的香菸。幾天後，我父親會帶著一絲無奈，點燃起藏在他處的香菸。一切恢復正常。抽屜裡又默默地重新補貨。

他總是在公開場合故態復萌，也從不掩飾。當然他為此感到羞愧，他覺得自己軟弱、人格有瑕疵。這樣的戲碼上演太多次，我都數不清了。戒菸又抽菸、重複再重複……

我父親對於抽菸的負面看法是對的。醫生宣布他罹患肺癌後九個月後，他就在俄亥俄州立大學過世，得年五十一歲。我看著他嚥下最後一口氣，在化療的折磨下，他看起來像八十一歲。

但是除了一再戒菸失敗外，但我父親的人生還有許多可談之處。但我真希望他能戒菸，為了我也為了他自己。在他死後的這些年裡，我一直非常想念他。我希望他沒有以戒菸失敗來評斷自己的人生。這個致命的習慣緊緊抓住他、不願放手。但詹姆士・凱勒的人生不光是只有尼古丁和菸癮，否則他的墓誌銘只有寫這件事，也就太悲慘了。

在無數次嘗試戒菸之間，他還有許多生活。他喜歡和我在車庫前投籃，也曾在房子後方建造露臺（就像《推銷員之死》的主角羅曼一樣，我父親在『攪和水泥時最高興』）[2]。我、姊妹們以及堂兄弟的數學作業全都要靠他。這些才是我想要記住的事。

不少人的家人都有成癮問題，我希望這些人記住成癮者良善、有天賦的一面，而不是壞習慣和缺點。我也希望，受到折磨的人都能擺脫傷害他們的物質以及欲望。但這不是我可以決定的，無論身邊有多少愛自己的人，這場重要的戰役都必須獨自奮鬥。

不管是我父親或每個人，都有無法掌控的事物、無法克服的逆境以及無法完成的挑戰，但我們的人生不能被它們定義。我們都值得更好的評價。因為我們都盡其所能了。每個人都是跌跌撞撞、功虧一簣，但總是努力在嘗試，就像我父親一樣。

在這本書中，我一直在強調放棄是件好事。但放棄也有不好的一面，我希望我父親沒有把戒菸當成他生活的重心。我希望每個人都能放棄「放棄」這件事。

神經科學家大衛・林登（David J. Linden）被診斷出癌症末期後，他曾撰文寫道，大腦有能力平衡相互排斥的概念：

人常常處於兩種相互矛盾的心理狀態……這與神經科學中的古老觀念背道而馳，也就是我們當下只會處於一種心理狀態，比如好奇或害怕、戰鬥或逃跑……就看神經系統如何整合及調節。但人類的大腦很細緻，能夠輕易地處在多種複雜、甚至矛盾的認知和情緒狀態。[3]

放棄有積極的意義，特別是像戒菸、戒酒或戒掉不健康的食物（比如大理石磅蛋糕）。但放棄也是消極的力量，所以不該一直想著它；努力過都無法克服的事情，就不要太自責。

我希望，有天我們能夠就兩方面來消除放棄的汙名。首先，就算無法戒掉有問題的行為，我們也不是糟糕的人。其次，放棄成功也不代表我們就是英雄，比如說離開不適合的工作或變質的關係。你只要相信，放棄能讓你更快樂或健康，但也就僅此而已。它只是人生的眾多好事之一，終其一生都要重複練習。

但願我的父親沒有因為無法戒菸而自責。但願這件事不曾如此困擾著他。他多才多藝、但脾氣也很暴躁，生氣時喜歡說些挖苦和嘲諷的話，但他也想改掉這壞習慣。除此之外，他喜歡綠灣包裝工隊、鄉村音樂、直接從罐子裡倒出腰果配健怡可樂以及複雜難解卻迷人的微積分。

這些才是真正組成他的事物，而不是戒不了的菸癮和挫折感。他沒有戒菸成功，也沒有辭掉在數學系的教職。他的教學天賦被大大忽視，而且薪水低得可憐。他想要離開，但一直覺得時機不對。

然後，就沒有任何時機了。

我真希望他兩者都能放棄：香菸和工作。放棄前者，會讓他擁有更長的壽命；放棄後者，他就可以去另一所大學任教，並得到應有的尊重。

有時我們能夠打破成癮的枷鎖，或擺脫不良的行為，但有時做不到。這並不會讓我們變得邪惡、自私或愚蠢，畢竟這是生而為人的特質。有些事情是我們無法控制的，有些是由基因遺傳和偶然機遇決定的，有些事情永遠無法實現，哪怕你再如何正面思考也一樣。

我們唯一能夠控制的就是原諒：原諒自己和他人總會是做錯事、會失敗。我們會一再半途而廢。我們會放棄大事（范德寇指出，戒毒和戒酒的人超過四分之三會失敗），也會放棄小事。盡其所能就好，雖然我們不會成為自己理想中的朋友、伴侶、父母、鄰居或公民，也總有放棄的時候。

但這不是故事的結束，而是開始面對現實，學會同理自己和理解他人。也許有一天，我們會放下激烈、徒勞的努力，不再用抽象的概念看待自己，也不再表現出令人嚮往、吸引人的一面。我們會放棄那一切。我們會感謝矛盾的自己，感謝這個要常保彈性才能度過的年代，我們會放棄永遠無法實現的事情，並學會跟自己和世界妥協。

這本書獻給我的侄女安妮・凱特・古德溫。她不得不學會放棄。她在中西部出生、成長，她的夢想是住在加州。從法學院畢業後，她在舊金山找到工作，於是和她的丈夫搬到西岸去。三個月後，她被診斷出患有白血病。她回到俄亥俄州接受治療，最終於二〇一九年九月十二日去世，得年三十三歲。

在她生病之後，安妮不得不徹底調整她對人生的憧憬。她必須放棄原先的人生計畫，並匆匆擬定新的方針。調整後的夢想不一定微小，短暫的人生不一定沒有幸福和意義。何任長度的生命都是完整而美麗的。英國作家艾略特・達倫（Elliot Dallen）在二〇二〇年因腎上腺皮質癌而過世，那年他三十一歲。他在去世前的幾個月為《衛報》寫了文章，當中談到：「過好一生，再短，也足夠。」[4]

接近人生盡頭時，安妮想做的一切都得壓縮到短暫的時間內。她告訴身邊的人，他們對自己有多麼重要；接著她沉迷於她最喜歡的藝術作品中，包括杜斯妥也夫斯基的小說和女神卡卡的歌曲。然後她非凡的一生就結束了。雖然有未完成的事項、也有未走過的路，但這不足以衡量她一生的價值。無論我們是活到三十三歲或一百零三歲，只要在每天生活和每次經驗中投注熱情，就是值得讚賞的人生。

放棄舊生活、面對令人期待的未知世界吧！

致謝

謝謝在本書撰寫初期提供協助的朋友；我的腦海尚未閃過微光時，他們與我一起集思廣義，這份溫暖，真是感激不盡。謝謝你們，Joseph Hallinan、Patrick Reardon、Susan Phillips、Frank Donoghue、Suzanne Hyers、Mike Conklin、Marja Mills、Don Pierson、Lisa Keller、Robert Schmuhl、Clairan Ferrono、Elizabeth Berg、Cathy Dougherty、Carolyn Focht 和 Lisa Knox。

我也感謝許多慷慨與我分享自身人生故事的人，以及那些願意忍受我沒完沒了提問的科學家及學者。令我感到遺憾的是，因為疫情的關係，大多數的採訪都只能透過電子郵件、電話或視訊會議進行，而不是面對面交談。感激這些極其忙碌的人，為了滿足我的研究需求而付出各種努力。書中若有錯誤皆是我的問題。

最後感謝我的編輯 Hannah Robinson，她打從一開始就理解這本書的主旨。她慷慨分享了她的智慧、活力、敏銳以及對流行文化的了解；最重要的，是她對一個任性作家的無比耐心。

6 Aaron Balick, email conversation with the author, February 28, 2022.
7 Dan Milmo, "Frances Haugen Takes on Facebook: The Making of a Modern US Hero," *Guardian*, October 10, 2021.
8 Patrick Radden Keefe, "The Bounty Hunter," *New Yorker*, January 24, 2022, p. 34.
9 Melissa Allison, phone conversation with the author, August 10, 2021.
10 Robert Schmuhl, phone conversation with the author, January 12, 2022.
11 Caitlin Flanagan, "You Really Need to Quit Twitter," *Atlantic*, July 5, 2021.
12 Moya Lothian-McLean, "I Built a Life on Oversharing—Until I Saw Its Costs, and Learned the Quiet Thrill of Privacy," *Guardian*, May 2, 2022.
13 Freya India, "Adele and the Strange Glamorisation of Divorce," *Spectator*, May 10, 2022.

第十一章

1 Keith Kahn-Harris, "I Gave Up Hope of a Cure for My Chronic Condition," *Guardian*, July 28, 2022.
2 Dickinson, email conversation with the author, November 5, 2021.
3 Susan Stamberg, "Denied a Stage, She Sang for a Nation," NPR, April 9, 2014.
4 Klotz, phone conversation with the author, December 8, 2021.
5 van der Kolk, The Body Keeps the Score, p. 80.
6 Connie Schultz, phone conversation with the author, August 23, 2021.
7 Patty Bills, phone conversation with the author, October 28, 2021.
8 Tim Bannon, phone conversation with the author, August 24, 2021.
9 Julian Barnes, *The Only Story* (New York: Knopf, 2018), pp. 87–88.
10 Dr. Gaurava Agarwal, phone conversation with the author, January 4, 2022.
11 Glen Worthey, phone conversation with the author, September 5, 2021.
12 Margaret Renkl, *Late Migrations: A Natural History of Love and Loss* (Minneapolis: Milkweed, 2019), p. 113.
13 Renkl, p. 119.
14 Derek Thompson, "What Quitters Understand about the Job Market," *Atlantic*, June 21, 2021.
15 Rich Muller, quoted in "Notes from a Parallel Universe," by Jennifer Kahn, *The Best American Science Writing 2003* (New York: HarperCollins, 2003), p. 118.
16 George A. Bonanno, *The End of Trauma: How the New Science of Resilience Is Changing How We Think about PTSD* (New York: Basic Books, 2021), p. 16.
17 Bonanno, p. 18.
18 Bonanno, p. 215.
19 Kaminer, phone conversation with the author, November 30, 2021.
20 Spiotta, phone conversation with the author, January 7, 2022.
21 Clark Middleton的談話詳見：https://blog.arthritis.org/living-with-arthritis/life-legacy-clark-middleton/

後記

1 Niels Bohr, quoted in *Coming of Age in the Milky Way* by Timothy Ferris (New York: William Morrow, 1988), p. 381.
2 Arthur Miller, *Death of a Salesman, in The Portable Arthur Miller* (New York: Viking, 1971), p. 132.
3 David J. Linden, "A Neuroscientist Prepares for Death," *Atlantic*, December 30, 2021.
4 Elliot Dallen, "At 31, I Have Just Weeks to Live. Here's What I Want to Pass On," *Guardian*, September 7, 2020.

8 Guy Dove, phone conversation with the author, February 2, 2022.
9 John A. List, phone conversation with the author, March 11, 2022.
10 John A. List, *The Voltage Effect: How to Make Good Ideas Great and Great Ideas Scale* (New York: Currency, 2022), p. 185.
11 List, *The Voltage Effect*, p. 187.
12 Eliot Brown and Maureen Farrell, *The Cult of We: WeWork, Adam Neumann, and the Great Startup Delusion* (New York: Crown, 2021), pp. 337–38.
13 Grant, email conversation with the author, October 9, 2021.
14 Ruth Sternberg, phone conversation with the author, August 13, 2021.
15 List, *The Voltage Effect*, p. 200.
16 Jack Zimmerman, phone conversation with the author, August 30, 2021.
17 Chip Conley, email conversation with the author, December 16, 2021.
18 Mike and Lesli Mautz, conversation with the author, November 7, 2021.
19 Morris, *Edison*, p. 272.
20 Morris, pp. 166–67.

第九章

1 許多人都以為這句話出自於作家費茲傑羅的書，但其實這是電影劇作家艾瑞克・羅斯在改編《班傑明的奇幻旅程》時所寫的台詞。詳見：https://www.falmouthpubliclibrary.org/blog/the-curious-case-of-misquotation/
2 Stephany Rose Spaulding, phone conversation with the author, November 23, 2021.
3 Kristen Dieffenbach, phone conversation with the author, November 10, 2021.
4 Robin Yocum, conversation with the author, September 28, 2021.
5 Bonnie Miller Rubin, phone conversation with the author, August 10, 2021.
6 Heidi Stevens, phone conversation with the author, November 20, 2021.
7 June Stevens, phone conversation with the author, December 27, 2021.
8 Lewis Hanes, phone conversation with the author, November 28, 2021.
9 Eric J. Johnson, *The Elements of Choice: Why the Way We Decide Matters* (New York: Riverhead, 2021), p. 291.
10 Eric J. Johnson, phone conversation with the author, December 16, 2021.
11 Susan Warren, phone conversation with the author, December 30, 2021.
12 Marge Galloway, conversation with the author, September 25, 2021.
13 Lara Weber, phone conversation with the author, August 19, 2021.
14 Gail Hetzler, phone conversation with the author, October 12, 2021.

第十章

1 Michaela Coel, quoted in Shirley Li's "The Quietest Emmys Speech Was the Loudest," *Atlantic*, September 20, 2021.
2 Katherine Rosman, "Girl, Wash Your Timeline," *New York Times*, April 29, 2021.
3 Cathy O'Neil, *The Shame Machine: Who Profits in the New Age of Humiliation* (New York: Crown, 2022), pp. 96–97
4 Sean Sanders and Jessica Mendoza, " 'Quit-Tok': 'The Great Resignation' Hits Social Media," *Good Morning America*, December 9, 2021.
5 Ashley Owusu, quoted in "Brenda Frese Downplays High-Profile Transfers, Restocks Maryland's Roster" by Kareem Copeland, *Washington Post*, May 13, 2022.

8 Wendy Simonds, phone conversation with the author, September 17, 2021.
9 Jennifer Haigh, *Mercy Street* (New York: Ecco, 2022), p. 7.
10 Louis Menand, *The Free World: Art and Thought in the Cold War* (New York: Farrar, Straus and Giroux, 2021), p. xiii.
11 Sarah Kendzior, *The View from Flyover Country: Dispatches from the Forgotten America* (New York: Macmillan, 2018), p. xi.

第七章

1 Kyle Porter, "2022 Masters: A Legend Who Only Defined Success as Victory, Tiger Woods Inspires by Refusing to Stop Competing," *CBS Sports*, April 10, 2022.
2 Stephen Daisley, "Why Everyone Should Be 'Quiet Quitting,' " *Spectator*, August 13.
3 Paula Cocozza, "A New Start after 60: 'I Became a Psychotherapist at 69 and Found My Calling,' " Guardian, March 7, 2022.
4 Leidy Klotz, phone conversation with the author, December 8, 2021.
5 Lori Rader-Day, phone conversation with the author, June 30, 2021.
6 Dave Allen, phone conversation with the author, October 20, 2021.
7 David W. Chen, "A Champion Swimmer Found a New Life on the Rocks," New York Times, August 18, 2021.
8 Franklin Foer, *How Soccer Explains the World: An Unlikely Theory of Globalization* (New York: Harper, 2004), p. 1.
9 David Epstein, *Range: Why Generalists Triumph in a Specialized World* (New York: Riverhead, 2019), p. 287.
10 Epstein, p. 142.
11 Derek Thompson, "Hot Streaks in Your Career Don't Happen by Accident," Atlantic, November 1, 2021.
12 Arianne Cohen, "Why You Should Quit Your Job after 10 Years," *Bloomberg Businessweek*, June 24, 2022.
13 Edward Gray, phone conversation with the author, October 21, 2021.
14 Katharine Q. Seelye, "Greg Steltenpohl, Pioneer in Plant-Based Drinks, Dies at 66," *New York Times*, March 19, 2021.
15 Leon Edel, *Henry James* (New York: Harper & Row, 1985), p. 420.
16 Janet Browne, *Charles Darwin: The Power of Place* (Princeton, NJ: Princeton University Press, 2002), p. 38.
17 Browne, p. 37.
18 Browne, p. 48.
19 Browne, p. 55.

第八章

1 Seth Godin, *CBS Sunday Morning*, May 5, 2019.
2 Rachel Maddow, "Rachel Maddow on Her Critics: 'Your Hatred Makes Me Stronger. Come on! Give Me More!,' " interview by David Smith, *Guardian*, February 2, 2020,.
3 Betsey Stevenson, transcript, The Ezra Klein Show podcast, "Welcome to the 'Take This Job and Shove It' Economy," June 18, 2021, p. 3.
4 Lucinda Hahn, phone conversation with the author, December 22, 2021.
5 Described at length in Edmund Morris, Edison (New York: Random House, 2019), pp. 53–82.
6 Morris, p. 53.
7 Cathy Ballenger, phone conversation with the author, April 8, 2022.

interview by Christine Sneed, *The Millions*, June 8, 2021.
12 Samuel Smiles, *Self-Help: With Illustrations of Character and Conduct* (New York: Oxford University Press, 2008), p. 22.
13 Smiles, p. 90.
14 Anna Katharina Schaffner, "Top 10 Books about SelfImprovement," *Guardian*, December 29, 2021.
15 Wendy Kaminer, phone conversation with the author, November 30, 2021.
16 Napoleon Hill, *Think and Grow Rich* (New York: Fawcett Crest, 1960), p. 38.
17 Hill, p. 53.
18 Hill, p. 103.
19 Hill, p. 151.
20 Hill, p. 155.
21 Hill, p. 158.
22 Norman Vincent Peale, *The Power of Positive Thinking* (New York: Fawcett Crest, 1952), p. 13.
23 Paul Peterson, phone conversation with the author, November 30, 2021.
24 Ron Rhoden, conversation with the author, November 3, 2021.
25 Tracy Wilk, quoted in "LinkedIn Asked People to Give Advice to Their 20-Year-Old Selves" by Jessica Stillman, Inc., July 22, 2021.
26 Rick McVey, phone conversation with the author, September 8, 2021.

第五章

1 Anton Zeilinger, "Einstein and Absolute Reality," in *My Einstein*, ed. John Brockman (New York: Pantheon, 2006), p. 127.
2 Sharon Harvey, phone conversation with the author, September 14, 2021.
3 Thomas Wolfe, *Look Homeward, Angel* (New York: Scribner, 1929), p. 5.
4 Daniel Kahneman, *Thinking, Fast and Slow* (New York: Farrar, Straus and Giroux, 2011), p. 14.
5 Dan Cnossen, quoted by Dave Sheinin in "A Wounded Warrior's Grueling Path to Paralympic Gold," *Washington Post*, March 4, 2022.
6 Michele Weldon, phone conversation with the author, September 7, 2021.
7 Amy Dickinson, email conversation with the author, November 5, 2021.
8 Christine Broquet, phone conversation with the author, July 28, 2021.
9 Howard Berkes, email conversation with the author, January 16, 2022.
10 Emily Langer, "Justus Rosenberg, Holocaust rescuer, dies at 100," *Washington Post*, November 19, 2021.
11 George F. Will, "The Goodness of Bob Dole," *Washington Post*, December 5, 2021.

第六章

1 Barbara Ehrenreich, *Bright-Sided: How the Relentless Promotion of Positive Thinking Has Undermined America* (New York: Metropolitan Books, 2009), p. 8.
2 Ross Barkan, "Why Is New York City's Mayor Blaming Tenants for the Deadliest Fire in a Century?" *Guardian*.
3 Dr. Micki McGee, phone conversation with the author, December 19, 2021.
4 Micki McGee, *Self-Help, Inc.: Makeover Culture in American Life* (New York: Oxford University Press, 2005), p. 13.
5 Eli Saslow, "The Moral Calculations of a Billionaire," *Washington Post*, January 30, 2022.
6 Phillip Martin, email conversation with the author, May 26, 2022.
7 Joe Rodriguez, email conversation with the author, September 3, 2021.

interacts": van der Kolk, *The Body Keeps the Score*, p. 35.
16 Bernd Heinrich, *Life Everlasting: The Animal Way of Death* (New York: Houghton Mifflin Harcourt, 2012), p. 171.

第三章

1 Nora Ephron, 1996 commencement address at Wellesley College, commencement archives.
2 Matthew Specktor, *Always Crashing in the Same Car: On Art, Crisis, & Los Angeles, California* (Portland, OR: Tin House, 2021), p. 207.
3 Specktor, pp. 213–14.
4 Emily Zemler, email conversation with the author, February 16, 2022.
5 Dr. Devon Price, email conversation with the author, May 25, 2022.
6 Barbara Stanwyck, in a letter dated October 24, 1986, to film students at the University of Wyoming. Reprinted by permission of the university's American Heritage Center.
7 Dana Spiotta, Wayward (New York: Knopf, 2021), p. 13.
8 Dana Spiotta, phone conversation with the author, January 7, 2022.
9 Adam Phillips, "On Giving Up," *London Review of Books* 44, no. 1 (January 6, 2022).
10 Herman Melville, *Moby-Dick or, The Whale* (Indianapolis: Bobbs Merrill, 1964), p. 685.
11 Roger Pines, email conversation with the author, January 16, 2022.
12 Diane Casey, phone conversation with the author, April 22, 2022.
13 Herman Melville, *Four Short Novels* (New York: Bantam Books, 1959), p. 25.
14 John Updike, "A&P," *The Early Stories: 1953–1975* (New York: Random House, 2004), p. 601.
15 Heinrich, Life Everlasting, p. 194.
16 Devon Price, *Laziness Does Not Exist: A Defense of the Exhausted, Exploited, and Overworked* (New York: Atria, 2021), p. 27.
17 Price, pp. 29–30.

Part 2

1 Adam Grant, email conversation with the author, October 9, 2021.

第四章

1 Stephen J. Dubner, Freakonomics Radio podcast, "The Upside of Quitting," September 30, 2011.
2 Heather Stone, phone conversation with the author, November 21, 2021.
3 Dr. Peter Sinnema, phone conversation with the author, September 24, 2021.
4 Walter Isaacson, *Benjamin Franklin: An American Life* (New York: Simon & Schuster, 2003), p. 484.
5 Rachel Monroe, "I'm a Life Coach, You're a Life Coach: The Rise of an Unregulated Industry," *Guardian*, October 6, 2021.
6 Julia Samuel, *Grief Works: Stories of Life, Death, and Surviving* (New York: Simon & Schuster, 2017), p. xxiv.
7 Sharon O'Brien, introduction to *My Ántonia*, by Willa Cather (New York: Penguin, 1994), pp. viii–ix.
8 Brad Stulberg, *The Practice of Groundedness: A Transformative Path to Success That Feeds—Not Crushes—Your Soul* (New York: Portfolio, 2021), p. 10.
9 Arianna Huffington, *Thrive: The Third Metric to Redefining Success and Creating a New Life of Well-Being, Wisdom, and Wonder* (New York: Harmony Books, 2015), p. 1.
10 Brad Stulberg, email conversation with the author, November 10, 2021.
11 Matthew Specktor, "Enter the Dream Factory: Christine Sneed in Conversation with Matthew Specktor,"

11 Ackerman, p. 177.
12 Ackerman, p. 182.
13 Coyne, *Why Evolution Is True*, p. 3.
14 Simone Biles quoted by Camonghne Felix, "Simone Biles Chose Herself," *New York*, September 27, 2021.
15 Justin O. Schmidt, phone conversation with the author, August 23, 2021.
16 J. O. Schmidt, "Decision Making in Honeybees: A Time to Live, a Time to Die?," *Insectes Sociaux*, April 6, 2020. Published by International Union for the Study of Social Insects by Birkhäuser Verlag.
17 Schmidt, conversation with the author.
18 Erin Cox, "University of the Cumberlands Sued for Wrestler's Death," Times-Tribune, August 26, 2021.
19 Lynne Cox, *Swimming to Antarctica: Tales of a Long-Distance Swimmer* (New York: Harcourt, 2004), p. 119.
20 Robert Sapolsky, *Why Zebras Don't Get Ulcers* (New York: W. H. Freeman, 1998), pp. 4–16.
21 Bessel van der Kolk, *The Body Keeps the Score: Brain, Mind, and Body in the Healing of Trauma* (New York: Penguin, 2014), p. 55.
22 Jody Alyn, phone conversation with the author, November 11, 2021.
23 Christine Sneed, phone conversation with the author, August 11, 2021.
24 Emily Nagoski and Amelia Nagoski, *Burnout: The Secret to Unlocking the Stress Cycle* (New York: Ballantine, 2019), p. 47.
25 Nagoski and Nagoski, p. 47.

第二章

1 June Huh, quoted by Jordana Cepelewicz in "He Dropped Out to Become a Poet. Now He's Won a Fields Medal," *Quanta Magazine*, July 5, 2022.
2 Todd Parker, phone conversation with the author, August 24, 2021.
3 Misha Ahrens, phone conversation with the author, October 25, 2021. All quotations are from this interview unless otherwise noted.
4 Florian Engert quoted by Ariel Sabar in "How a Transparent Fish May Help Decode the Brain," *Smithsonian Magazine*, July 2015.
5 van der Kolk, *The Body Keeps the Score*, pp. 39–40.
6 Michael Bruchas, phone conversation with the author, September 2, 2021. All quotations are from this interview unless otherwise noted.
7 Sabar, "How a Transparent Fish May Help Decode the Brain."
8 Sabar.
9 Elena Renken, "Glial Brain Cells, Long in Neurons' Shadow, Reveal Hidden Powers," *Quanta Magazine*, January 27, 2020.
10 Yu Mu et al., "Glia Accumulate Evidence That Actions Are Futile and Suppress Unsuccessful Behavior," *Cell 178*, no. 1 (June 27, 2019).
11 Jeremy Bernstein, "Childe Bernstein to Relativity Came," in *My Einstein*, ed. John Brockman (New York: Pantheon, 2006), pp. 156–57.
12 "Researchers Discover the Science behind Giving Up," *UW Medicine Newsroom*, July 25, 2019.
13 Thilo Womelsdorf, phone conversation with the author, September 2, 2012. All quotations are from this interview unless otherwise noted.
14 Kianoush Banaie Boroujeni, quoted in "Neuroscientists at Vanderbilt Identify the Brain Cells That Help Humans Adapt to Change," Vanderbilt University Research News, July 15, 2020.
15 *The Biology of Humans at Our Best and Worst* (New York: Penguin, 2017), p. 11. "The social environment

註釋

引言

1 Rohinton Mistry, *A Fine Balance* (New York: Vintage, 1997), pp. 228–29.
2 Proverb quoted in Speak, *Okinawa: A Memoir* by Elizabeth Miki Brina, p. 1.

前言

1 John le Carré, *The Russia House* (New York: Knopf, 1989), p. 121.
2 Tim Birkhead, *Bird Sense: What It's Like to Be a Bird* (New York: Walker & Co., 2012), p. xvii.
3 Dr. Adam Grant, email conversation with the author, October 9, 2021.
4 Charlie Tyson, "The New Neurasthenia: How Burnout Became the Buzzword of the Moment," *The Baffler*, March 15, 2022,
5 Rana Mitter, "Baby Bust: China's Looming Demographic Disaster," *Spectator*, August 6, 2022.
6 Cassady Rosenblum, "Work Is a False Idol," *New York Times*, August 22, 2021,
7 Daniel T. Willingham, "Ask the Cognitive Scientist: 'Grit' Is Trendy, but Can It Be Taught?," *American Educator*, Summer 2016, p. 28.
8 Patricia Kelly Yeo, " 'An Unbelievable Sense of Freedom': Why Americans Are Quitting in Record Numbers," *Guardian*, November 3, 2021.
9 Emma Kemp, "Ash Barty Announces Shock Retirement from Tennis at 25," *Guardian*, March 22, 2022.
10 Jane Leavy, *Sandy Koufax: A Lefty's Legacy* (New York: HarperCollins, 2002), p.xvii.
11 Lindsay Crouse, "Don't Be Afraid to Quit. It Could Help You Win," *New York Times*, August 11, 2021.
12 Tyson, "The New Neurasthenia."
13 Amy Dickinson, email conversation with the author, November 5, 2021.
14 Matt Krupnick, "More College Students Are Dropping Out during Covid. It Could Get Worse," *Guardian*, February 10, 2022.

Part 1

1 Benjamin Wood, *The Ecliptic* (London: Scribner, 2015), p. 182.

第一章

1 John A. List, phone conversation with the author, March 11, 2022.
2 Jerry Coyne, phone conversation with the author, August 22, 2021.
3 Jonathan Weiner, *The Beak of the Finch* (New York: Vintage, 1995), p. 63.
4 Weiner, p. 60.
5 Merlin Sheldrake, *Entangled Life: How Fungi Make Our Worlds, Change Our Minds & Shape Our Futures* (New York: Random House, 2020), p. 15.
6 Jerry Coyne, *Why Evolution Is True* (New York: Penguin Books, 2009), p. 1.
7 Jennifer Ackerman, *The Genius of Birds* (New York: Penguin, 2016), pp. 20–37.
8 Sheldrake, *Entangled Life*, p. 41.
9 Katie Heaney, "The Clock-Out Cure: For Those Who Can Afford It, Quitting Has Become the Ultimate Form of Self-Care," *New York*, May 11, 2021.
10 Ackerman, *The Genius of Birds*, pp. 85–86.

人生顧問 499

投降輸一半：破解堅持的迷思，建立適時放棄的生活新策略

QUITTING: A Life Strategy

作者—茱莉亞・凱勒（Julia Keller）
譯者—李伊婷
責任編輯—許越智
責任企畫—張瑋之
封面設計—FE設計
內文排版—張瑜卿

總編輯—胡金倫
董事長—趙政岷
出版者—時報文化出版企業股份有限公司
一〇八〇一九臺北市和平西路三段二四〇號一至七樓
發行專線／（〇二）二三〇六—六八四二
讀者服務專線／〇八〇〇—二三一—七〇五、（〇二）二三〇四—七一〇三
讀者服務傳真／（〇二）二三〇四—六八五八
郵撥／一九三四—四七二四時報文化出版公司
信箱／一〇八九九臺北華江橋郵局第九九信箱
時報悅讀網—www.readingtimes.com.tw
法律顧問—理律法律事務所 陳長文律師、李念祖律師
印刷—勁達印刷有限公司
初版一刷—二〇二三年十月二十七日
定價—新台幣四〇〇元

時報文化出版公司成立於一九七五年，並於一九九九年股票上櫃公開發行，
於二〇〇八年脫離中時集團非屬旺中，以「尊重智慧與創意的文化事業」為信念。

投降輸一半：破解堅持的迷思，建立適時放棄的生活新策略
茱莉亞・凱勒（Julia Keller）著；李伊婷譯
---初版---臺北市：時報文化出版企業股份有限公司，2023.10
面；14.8×21公分.---（人生顧問499）
譯自：Quitting : a life strategy
ISBN 978-626-374-432-5（平裝）
1.CST: 自我實現 2.CST: 自我肯定 3.CST: 生活指導
177.2 112016295

ISBN 978-626-374-432-5 Printed in Taiwan